# 丽质健身

## 好身材好气质，后天养成

林珈安 ■ 著

北京时代华文书局

**图书在版编目（CIP）数据**

丽质健身 ：好身材好气质，后天养成 / 林珈安著 . — 北京 ：北京时代华文书局，2022.7

ISBN 978-7-5699-4646-8

Ⅰ . ①丽⋯ Ⅱ . ①林⋯ Ⅲ . ①女性—健身运动 Ⅳ . ① G883

中国版本图书馆 CIP 数据核字（2022）第 093911 号

北京市版权局著作权合同登记号 图字：01-2018-4411 号



**丽质健身：好身材好气质，后天养成**

LIZHI JIANSHEN：HAO SHENCAI HAO QIZHI，HOUTIAN YANGCHENG

著　　者 | 林珈安

出 版 人 | 陈　涛
责任编辑 | 余荣才
责任校对 | 凤宝莲
装帧设计 | 孙丽莉　段文辉
责任印制 | 訾　敬

出版发行 | 北京时代华文书局 http://www.bjsdsj.com.cn
北京市东城区安定门外大街 138 号皇城国际大厦 A 座 8 层
邮编：100011　电话：010 - 64263661　64261528
印　　刷 | 三河市嘉科万达彩色印刷有限公司　电话：0316-3156777
（如发现印装质量问题，请与印刷厂联系调换）
开　　本 | 880 mm × 1230 mm　1/32　印　　张 | 5.5　字　　数 | 125 千字
版　　次 | 2022 年 8 月第 1 版　印　　次 | 2022 年 8 月第 1 次印刷
书　　号 | ISBN 978-7-5699-4646-8
定　　价 | 45.00 元

我相信，开怀大笑是燃烧卡路里的最棒方式。

——奥黛丽·赫本（Audrey Hepburn）

回顾关于成长的“**糗事**”和好事，

能有这本书，其实是个意外。

正是因为如此意外，

所以借着一股难得的写书劲头，

来分享接触运动后，

悄悄收到的、目前人生中**最美好的礼物**。

目录

第1章

# 认识自己

我们都以独一无二的身体来到这个世界，却随着成长、融入社会而追逐越来越相似的美的形式，旁人的三言两语、媒体争相报道的完美身材比例，真的这么重要吗？

认清自己天生的身体构造，用运动维持生来就具备的『独一无二』。

第　1　节

# 放大自己的优点

天生就脚大、骨架大、屁股大、眼睛大，但胸不大的我，从来不觉得哪里不对劲。我只知道妈妈很辛苦地生下我，连感激都来不及，还有什么好嫌弃的！不是要特别教大家怀抱感恩的心，（嘻，这还要教吗？）我只是想先确认一下：我们真的做到了好好在乎自己、好好爱自己吗？

老实说，我不是那种很瘦的女生，我身上有很多肌肉，也有不少“肉肉”(笑)。正因为这样，我督促自己一定要养成运动的习惯，这是真的！给自己一个理由和动力，运动起来，对身体会更有帮助。总之，我很喜欢自己的身体，(每个人都一样，只有懂得欣赏自己，才能创造出更多可能)，也许我天生就不是九头

身的清瘦美女，但我可以让自己成为体形健美、对新奇事物毫不畏惧的勇敢的人。

前阵子去整骨，老师说我的骨头是“男人的骨头”。我问老师：“这样好，还是不好？”他说：“有好有坏。”原来我“骨子里”真的是个男人！老师说骨头大的女生心地比较善良，懂得付出爱心和体谅别人的辛苦（老师说的喔！哈哈哈）。多数时候，我确实都觉得别人比我辛苦。我从小就很认命，别人减重3公斤，我要减重6公斤才能跟别人一样；别人体脂率减2%，我就要减4%以上；别人可以疯狂锻炼肌肉，我只能放慢速度锻炼，锻炼后更要花1小时做缓解肌肉紧张的伸展动作。往好处想：我可以帮妈妈扛一整箱从COSTCO（好市多）买的菜；自助旅行时，能独自拖着两大箱行李再肩背8公斤的旅行袋，连续时走时跑地行了将近35公里的路。

以前，只要有人提醒我早点睡，我都会不假思索地回：

“好……知道了……我会……明天就早睡！”就这样略为敷衍地带过，但越长大越觉得不行！长期熬夜真的是很大的负担，由此导致身体不好不能怪别人，各种后果全都只能自己承担。脸书（Facebook）网站上常看见朋友分享“不早睡，老得早，死得快”“十大必死原因之一”“长期晚睡＝慢性自杀”等标题骇人的文章。这种类型的文章，其核心内容都一样，就是要读者注意自己的健康。当你按下分享键时，表明你其实是在意自己的身体状态的，每个人都希望自己能越活越好。

正值青春期时，我常拿国外名模的身材来当体形目标，结果吃不饱也睡不好，还常对自己发脾气，更别说喜欢自己了。在这些坏情绪激升的时候，我真的很感谢我的爸妈。他们辛苦赚钱，让我从小学习弹钢琴、舞蹈和写作，从而拥有这些技能。因而，每当心情低落的时候，就是这些技能让我内心富足，将坏情绪排遣出去。不过，少女的烦恼千百种，光是“减肥”就足以形成生活中可以无限轮回的噩梦。

成长的过程中，会品尝到各种酸甜苦辣的滋味，有时也会碰上无味的日子。时间久了我才发现：快乐不是随波逐流，而是当一个内心自由的人。生活中我们很少为难别人，却处处为难自己，连放自己一马都做不到。生而为人真的不容易，我们都应该好好爱惜自己。

坚守自己的岗位，把事情做好，做仔细，做彻底，做得问心无愧，这就是我给自己最好的鼓励。追逐不切实际的目标，或是羡慕不属于自己的东西，除了让自己更加疲惫、更没自信之外，也会拖垮过去辛辛苦苦建立的一切。

感到身心不平衡的时候，我们把脑袋放空一下，活动活动筋骨，重新开始吧！

我们都在寻找适合自己的生活步调和进步空间。然而，生活的细枝末节，总在不对的地方被我们无限放大，在对的地方又被我们忽略到好像什么都没发生。渺小如尘埃的我们要活得快乐又健康，就该抛下不重要的事，把精力集中在值得用心的事物上。

第　2　节

# 数字不是一切

小时候，一拿到零用钱我就会数其中的硬币，盘算下课后用它可以去合作社买生活绿茶和饼干，或者到书店买些什么；有时候也会存起来，留到新学期时买新的铅笔盒和各种颜色的笔。

学生时期，我的第一份工作是在补习班打工，第一次拿到薪水时不敢花，觉得太值得纪念了！虽然薪水很少，但心中的满足感远超越薪水袋里的东西带给我的。随着时间推移，对于数字，不论是金钱或体重方面的，我总会变得更加敏感、介意。有些天生无法改变的数字，反映着负面性，除了通过学习来接受外，我们也可以让自己变得比别人勇敢、开朗，成为不会被这些负面性压倒的“那个小兵”。

有的人因为家庭背景弱或无预料的突发事件，迫不得已抛弃梦想转而为家人和自己奋斗；有的人把心力花在不重要的人、事、物上，华而不实，没有心理准备，也没有认真规划，结果只会抱怨不如愿，认定自己就是悲剧中的主角。

其实，女生天天量“体重”，量到后来心理包袱真的会很重！因为体重并不重要，“体脂”才是能否让身体真正变结实的重要因素。

生活中有许多看似平凡的事物，我始终坚信“在对的数字上

努力，再辛苦都值得”，找到对自己来说非它不可的目标，自然就会找到方法去实现。我们常常尽最大的努力去做不适合自己的事，只因为身边的人都说那是好的。在我看来，与其把自己的人生交给旁人来决定，不如相信自己的直觉和能力。

充实自己的每一天，想学什么就去学（当然，要量力而行），想做什么就去做。即使不是做每件事都会有成果，也不是每件事都适合自己，但生命有限，我们永远不知道，会不会在哪一天自己什么事也不能做了。不管我们的起点在哪里，用心尝试新事物，用力体验不同的生活，感受自由的心境，很多数字、很多障碍都会因此慢慢淡出生活！

第　　3　　节

# 接触运动的契机

我最早接触运动，是在幼儿园上芭蕾舞班的时候。当时，小小的我为跟上老师的动作，身体和脸部的表情都扭曲了，现在想起来就觉得“超有戏”。上中学时，我考进附近的舞蹈班，班上有严格且高压力的练舞制度，时间一长，不是每个青少年都熬得过去的（很想装病不去上课）。

我想起第一次出席阿迪达斯公司活动的情形。那时，我还称不上运动狂热分子，只是刚好在公司的安排下有了平生第一次的“暧昧”合作（笑）。后来，我陆陆续续接触了其他与运动相关的工作，才开始接触健身、跑步等运动。

出于不服输的个性，越碰到做不到的项目或成绩不如预期的情况，我就越想挑战自己，想看看自己可以坚持到什么程度。那些一度想捶自己、低落碰壁时期的经历，后来都成为我的运动经验和生活养分。

现在，我有一种再续前缘的感觉，跟着运动同好边走边试，边突破边成长，把参加一系列运动当作享受，就算累死也心甘情愿。“不动，更累。”这是我一路走来最深刻的体悟。谁不想在冬天、雨天，失恋或宿醉的早晨躲在被窝里发呆？我也很想啊！这时候，只要看看身边一些行动不便的长辈，或是卧病在床的朋

adidas
adida

taipei
marathon
taipei

友，我就会警觉以后有很多时间自己可能躺在床上（也许啦，天有不测风云嘛）。所以，现在我能动就动，能去哪就去哪，想做什么就赶紧做，不浪费上天给自己的最好礼物。要变成更好、更健康的人需要一段时间，然后我们才能体会到出现在自己身边的人、事、物有多难得。

与其和别人比较，不如好好充实自己。

我真心欣赏那些勇敢面对生命逆境的人。他们对待生活的态度和精神风貌总会在无形之中感染他人。看着他们享受当下的生活方式，我释怀、放下，在那一瞬间恍然大悟。感谢出现在我身边的每个人，你们不管是喜欢我还是不怎么喜欢我，都是介入我当下的重要的人。

每次参加活动或赛事，我最大的收获都是来自呐喊“加油”的群众和网络上男男女女的肯定；阿迪达斯公司举办的大型活动，我参加了10场以上；在参加其他小型的训练营或课程时也是我和“粉丝”见面的宝贵时刻。活动结束后，常有女孩害羞地跑来问我问题——“粉丝专页”和IG（Instagram，一款图片分享社交应用）私信上也常有类似的提问：“怎样变瘦？”“怎样吃才不会复胖”“平常还要做哪些运动？”“衣服好好看，在哪里买的？”“头发怎么绑？”（咦！离题）……各式各样！

我跟这些女孩一样，也想搭配很多美到不能再美的衣服；把运动融入生活以后，即使什么都没穿，也能放肆地欣赏自己的身体——老实说，身为女性公众人物，要获得女性的认同真的难。好在我有这些辛苦练就的技能，要不然以我面无表情（其实我只是内向，不敢接触人群）和话少孤僻的个性来面对公众，结局应该就是被大家讨厌到死吧！

# 第2章

# 运动才是我的菜

要求射手座的我日复一日地进行同一项运动，根本不可能！

别人做过的，我都尝试过了，同时也积极尝试新形式的运动，运动健身这条路，踏上了就别想看见尽头。再忙也要挤出时间舒展一下筋骨，用体内的多巴胺让每天都充满正能量。

第　1　节

# 什么运动适合你？

什么是你不讨厌的运动？

我觉得每种运动都有令人讨厌的地方。以跑步为例，跑步是很容易入门的运动，只要有安全的道路就可以进行运动；比较讨厌的地方就是，有时候跑起来呼吸不顺畅。这跟跑步方式和当时的心情有关。说到健身，花太多时间在健身房，会被人说太闲；

健身时间少了，自己就会疑神疑鬼地觉得身上哪里的肉又松了。适合每个人的运动本来就不一样，但是不管我们想尝试怎样的运动，有氧运动和无氧运动是必须兼顾的，就像蛋白质及蔬菜、淀粉中所含的基本营养一样，失衡就无法构成最有效的组合。我们应该都希望在最短的时间内达到最佳效果吧。

近几年我陆续接触了跑步、TRX（全身抗阻力训练）、空中瑜伽（Aerid Yoga）、空中环、攀岩、Barre（运动塑形操）、动感单车、拳击和舞蹈等健身运动。每种运动都由专业老师带进

#一起
變强

门（修行在个人，属于老派的浪漫，但一生受用）。几年下来，多少我也整理出一点心得。所以，我建议还在观望的朋友，先从最简单、感兴趣的运动开始，不要盲目赶流行。有位好友就是看到我上拳击课，觉得很有趣，隔天当机立断报名学习相同课程。最终因体质、爆发力、肌耐力、柔软度和心肺功能没有一定的基础，所以上了一堂课他就宣告放弃。这种结果往往会严重影响一个人的干劲。

运动有点像养“毛小孩”（宠物），需要付出时间、精力、耐力，还有从伤痛中复原的能力，需要一点一滴累积能量并运用到各项运动当中。我观察了很多运动有成的朋友和各国厉害的运动达人，终于得到了一个“真理”：“有天生的瘦子，但没有天生的好线条。”自己的肌肉还是要自己眷顾！

运动这件事，我一直没有停过。一方面是因为我喜欢尝试各种不同的挑战，另一方面是因为我想借由运动消化生活中的开心与不开心，舒缓内心起起伏伏的情绪。每一年我都希望比之前更好，所以做很多训练，调整自己的身体和心态——我没有宣扬自己的意思，但我们一定要学会转变观念，换个角度就会突然找到问题所在。

我常提醒身边朋友：“甩油！甩废！甩懒惰！”但偶尔也会“呆”在家里一整天，什么事都不做。这种时候我会尽情发呆，呆到一个极致（每个月最多两三天），隔天就会心甘情愿去工作、运动和购物（苦笑）。

adidas
101
SPORTS
BASE

第　2　节

# 巧拼迷你健身房

很多学生、职场人士、家庭主妇、打工朋友应该都有同样的困扰：平日里做到每天运动一小时，或一周运动四次、一次两小时，有氧、无氧运动都做，真的勉为其难。面对这道难题我想了个解决办法。我把经济实惠的器材列出一张表，把能组合、能放进家里的器材都搬到顶楼，以方便自己把运动融入日常生活中。

## 我的器材罗列如下，大家可以参考：

1 组合式哑铃
量力而为，随时调整所需重量。

2 跳绳
跟跑步一样经济实惠，是家里除了跑步机外最好的器材。

3 弹力带
类似橡胶材质，可伸缩，用来训练身体各部位的肌力。

4 药球（健身球）
是加重的训练球，可锻炼肌力、爆发力，增强体质。

5 壶铃
可以非常切实地锻炼躯干部位，同时也能训练身体协调性。

6 滚轮
可以同时练腹肌、背阔肌，即使在窄小的室内也能进行，不占空间。

7 滚筒
伸展放松的好朋友，运动前后都可以使用。

8 瑜伽垫
一般推荐选择5~6 mm的瑜伽垫，膝盖容易痛的可以挑厚一点的。

9 悬挂训练系统
需要悬挂在天花板或墙上装有支撑架的室内，可以请专人协助评估环境条件，再考虑购入。

10 跑步机
如果家里空间够大，购入跑步机对有氧运动是很好的。

以上都是我在家常用的器材，它们可以在很小的空间里发挥最大的效用，建议也想在家布置迷你健身房的人，先请教练或专业人士指导后再行动。拥有完美的配备是好事，但是如果它们不够安全，在迷你健身房里我们就有可能做出令人感到恐怖的运动。

这些简易的器材只要用对，通过间歇式训练、循环训练等方法，短时间内就能提高体温、基础代谢率和心率，达到有效的心肺锻炼和减重效果。除了运动外，合理搭配饮食（后面的章节会提到），应该能在瘦身之路上再向前迈进一步。

第　　3　　节

# 我一步一步接触过的运动

把体育运动视为每日例行公事的我喜欢积极尝试各种运动，室内运动有全身抗阻力训练、空中瑜伽、重量训练、拳击、瑜伽、运动塑形操、动感单车、空中环，室外则是跑步、登山、攀岩和溜冰。

我以为只有自己才这么疯，直到有天早上七点多，我前往明耀百货楼空中环教室上运动塑形操课才改变这一看法。当时我心里笃定，这么早一定没人来上课，我可以像包场一样独享宽敞的

教室，一定是超幸福的；结果一进教室就发现，来上课的竟然有10人了！之所以这么惊讶，是因为以前我上过只有两个学员的课；通常下午或晚上人会比较多，一个班可能有二十几个学员。但这天是早上七点，居然有这么多人跟我一样热衷于运动，并且大部分都是职场人士。其中有几位已经为人母亲，我发现她们已经上过几次课，动起来很熟练。

跟其他学员一起上了一小时的课，从睡眼惺忪到后来整个人大汗淋漓；看着现场学员为自己的身体而努力的认真的神情，我非常感动。回到更衣室时，我的心里充满着感触。我身边有很多朋友请求我带他们去运动。只是我觉得，运动这种东西，真的要自己有目标、有动力和毅力才能持续下去，并且只会慢慢进步；人要活到老、动到老啊，最近真的觉得学习和运动是密不可分的连体婴。

## 老少咸宜，增进家人感情的运动

### 登山

一年三百六十五天，要我天天去登山我都愿意！只要一早醒来是个大晴天，我就能督促自己马上准备好物品——高挂的太阳可以说是非常称职的“无声闹钟”。

我觉得登山是最适合一家老小一起参与、借机增进感情的运动；被美景环绕，呼吸新鲜空气，整个人都会是非常放松的。以我家为例，只要周末有空就会组团去爬山，各自准备好水、食物和毛巾等简单的物品就能立即出发。我们会特意找一些没去过的登山步道，然后一起攀登。这样一来，除了非常有成就感之外，我们也会感受到不一样的家庭气氛。

## 分享几个我特别喜欢的登山步道给大家

1 台北七星山登山步道

地点：台北市北投区阳金公路

推荐走法：选择离自己最近的入口前往七星山登山步道

七星山是台北盆地最高的山，步道有很多个入口，往返一趟大概4~6小时。登高之后能看到整个台北盆地、梦幻湖，等等。

2 金面山亲山步道

地点：台北市内湖区

推荐走法：环山路段136巷登山口→松友坪→剪刀石山打印台→金面山顶→凉亭→内湖路三段登山口

共计里程：3 公里

3 姜子寮山步道

地点：基隆市七堵区

推荐走法：姜子寮山登山口→棱线岔路口→姜子寮山三角→原路返回

共计里程：3.2 公里

4 天母水管路步道

地点：台北市北投区

推荐走法：中山北路七段232巷→三角埔发电厂→黑色大水管→凉亭→打印台→山仔后站

共计里程：2.6公里

5 顶山石梯岭步道

地点：台北市士林区

全长：6.6 公里

花费时间：180 分钟

难度：低

6 南港山纵走亲山步道

地点：台北市南港区

全长：6.3公里

花费时间：180分钟

难度：中低，同时也能训练身体协调性。

7 仙迹岩步道

地点：台北市文山区

全长：1.9 公里

花费时间：120 分钟

难度：低

- 提示 -

记得要准备防蚊液、水壶、毛巾和小零食等，事先算好往返时间，避免返程太晚。

# 关起门来挑战自己的极限

## 重量训练

重量训练的好处在于强化心肺功能和肌肉耐力、调整身形、消耗热量和脂肪、提升基础代谢率。前阵子很多女生在疯狂进行重量训练，这样的热潮其实有好的一面也有不好的一面。好的一面是，她们能通过重量训练看到自己的身形一点一点产生变化；不好的一面是，很多女生只做一种运动，比如只做无氧运动，或只做有氧运动。

老实说，我从没想过自己会这么有毅力，能持续运动，大概是在家也可以做训练，所以容易养成习惯。另外，我和身边

的朋友还特别研究了一下，就是观察那些有重量训练习惯的人。不管实际年龄是多大，他们的身体都能保持很不错的状态且有力量。于是，我就把重量训练器材从健身房移到家中，以便有空就练。

偶尔不想出门或碰上下雨天，有迷你健身房就让训练变得很方便。而且，重量训练完可以马上洗澡、洗头、吹头发，这真的是很幸福的事。不用介意自己被压多狠，或设定的目标是否遥不可及，只要保持将有氧运动和无氧运动交叉进行，就能瞬间出大汗，然后慢慢燃烧热量。

有一篇文章写道："靠有氧运动成功减肥很好，但只是让大尺寸的你变成小尺寸的你，身体的比例仍然是固定的，只是等比例缩小；现在你对自己的哪个部位不满，等你成功缩小一码之后，你一样还是会不满的。"

道理很简单。比如你讨厌的大肚子变小了，本来觉得没什么问题的腰也跟着变细了，所以视觉效果上还是没改变。但重量训练可以改变身体的组成，增加肌肉量，降低女生天生就偏多的脂肪。有了肌肉的支撑，就不会有软软塌塌的赘肉，身体看起来就更紧实有弹性，也让身体的状态显得更年轻。

所以，重量训练不分年龄，每个人都可以勇敢尝试，搭配合理日常饮食，一定会有不错的效果！

- 提示 -

不要急于看到效果，要非常有耐心，肌肉本来就不是一天能锻炼出来的。

男生有人鱼线，女生绝对也会有马甲线。

# 挥拳的女生超性感

## 拳击

教练曾告诉我："拳击是所有室内运动中消耗热量最高的运动，不仅可以让人很快达到瘦身的目的，还能让人学到拳击技术。事实上，拳击是很讲究科学的运动。刺激的东西大家都喜欢，但实际操作时，身体往往会因紧张而使肌肉变得僵硬。练拳可以让你在紧张的状态下学会放松自己。真正练习的过程是很辛苦、孤单的，如果这些你都可以克服，那么不论是工作或功课，各种障碍你一定都能顺利克服。"

每一次出拳时，我都能感受到所有的肌肉在出力，同时大脑

专注于应对教练的攻击。拳击是一种既能锻炼体力又能活用脑子的运动，虽然我还是“菜鸟”等级，但仍然推荐大家来接触这种可以好好发泄情绪的运动。

在讲述拳击故事的电影里，演员的身体往往健壮到让人不服不行，加上他们充满爆发力的动作和专注的眼神，实在是太迷人啦！就因为这个原因，我冲动地跑去报名参加拳击课，拳击兼具力量与性感，是连性感天使都风靡的运动，怎么可以不去试试呢！

- 提示 -

记得要补充大量水分，上课前1至1个半小时内一定要吃东西；

不要因大力出拳致动作走样或重心不稳。

# 摆脱地心引力，轻功体验

## 室内蹦极

“借由系在身上的弹簧绳自由弹跳、轻松离开地面，满足人们摆脱地心引力的欲望，你可以轻快优雅，也可以充满速度与力量，就像武侠电影中的轻功。”我觉得这段话很适合拿来当蹦极的开场白，老师说这项运动结合舞蹈与体操技巧，能让学员在地面或空中轻松做出高难度动作，同时又能训练核心肌群和心肺功能。

蹦极飞行，是利用弹跳的方式来做训练，采用专业设计的弹簧与改良的攀岩安全吊带，以弹簧的弹性牵引身体运动，不仅可以锻炼人体的肌肉耐力、心肺耐力、弹跳力、核心肌群，还可以刺激脑内啡肽分泌，让人在训练时感到快乐。除此之外，它还能预防腰酸背痛，提高心脏机能，让身体更年轻，增加肌肉的灵活性，还可以享受离开地面短暂飞行的感觉。

这项运动也被比喻为“空中的TABATA[1]”，因为可以消耗

---

[1] TABATA，是日本东京体训大学教授田畑泉提出的一种训练方法，属高强度间歇训练方法。田畑泉的英文名字叫 Izumi Tabata，日本国家速滑队以他的英文名字 Tabata 来命名这种训练方法。其常规训练包括 20 秒的强度训练，紧接着休息 10 秒，如此往复 4 分钟。

大量热量，让人又爱又恨，离开地面时想落地，落地后又想弹向空中。

蹦极时，可飞，可转，可体验三度空间，没有空间限制的感觉真的很奇妙，我个人觉得这是非常舒缓压力的运动。训练过程中虽然会有喘不过气的时候（不用勉强自己，不行就休息），但结束后的快乐是一般运动的三倍！国外现在也很流行这样多功能的运动，有兴趣的朋友不妨去试试，以消除累积许久的负面能量和压力！

- 提示 -

建议每10 分钟就补充100毫升的水，上课前1 小时先吃根香蕉或御饭团，以免运动过程中，因低血糖导致头昏的情况发生。

# 脂肪燃烧超有感

## 动感单车

第一次接触动感单车觉得很有趣，可以随着各种不同的音乐变换速度和动作，听到自己喜欢的歌，就会忘记一直骑到下半堂课有多辛苦！哈哈！老师常提醒学员，要让核心肌群发力。核心肌群是人体常用的最大肌肉群，是由竖脊肌、腹直肌、下背肌、臀肌、腹斜肌构成的集合名词，它就是身体的地基。训练核心肌群，除了可以塑造曲线、改善身形，也能让其作为所有运动的素质基础。

刚开始踩动感单车时，必须注意坐椅位置的高低、坐垫的前后位置、把手及龙头高低、卡鞋有没有卡好，当然还要准备一罐水和毛巾。

有些动感单车的轮盘较重，脚踩施力时遇到的阻力就会更重。虽然动感单车训练能提升锻炼效果，但不是人人都适合，必须小心因运动过于激烈而带来伤害。所以接触动感单车时，

- 提示 -

同样，建议每10 分钟就补充100毫升水，上课前1 小时先吃根香蕉或御饭团，以免运动过程中，因低血糖导致头昏的情况发生。

一定要有体能基础或有教练带领，且至少要做10分钟基本热身运动。建议大家从最低速度、强度开始踩踏，然后慢慢增加强度与阻力。

使用动感单车要有“燃脂”效果，必须达到一定的时间与心跳频率，至少要满足运动“333原则”，即每周运动3次，每次至少30分钟，心跳达每分钟130下才有效，进而训练心肺耐力。

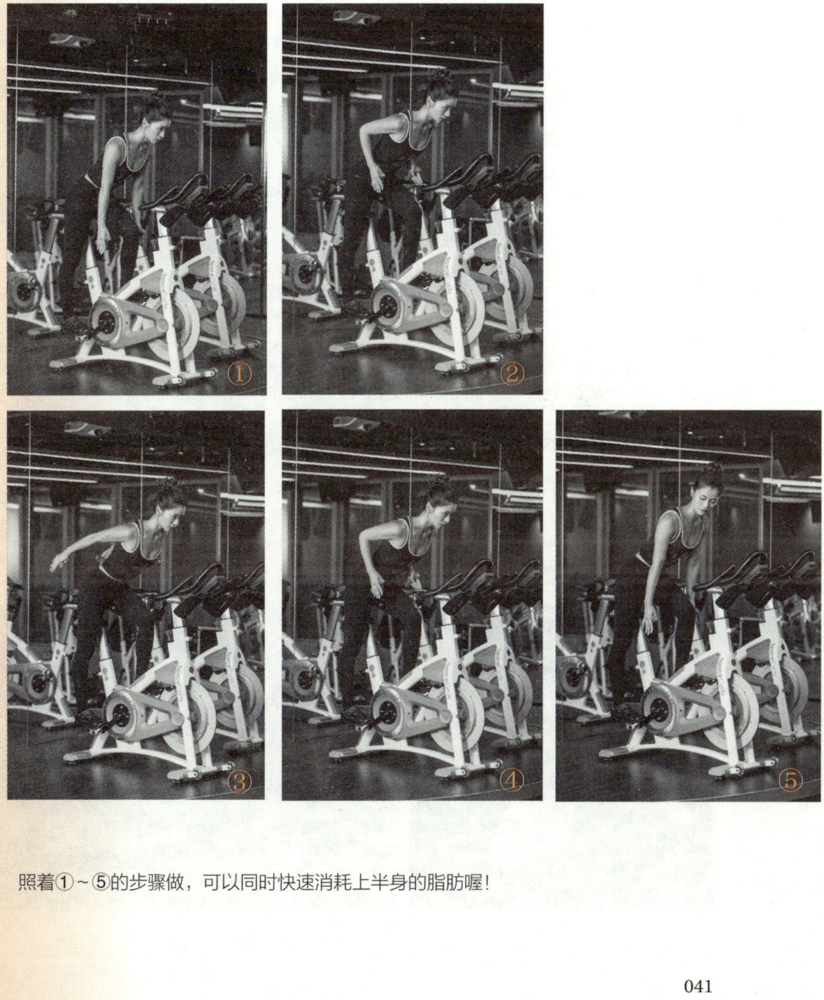


照着①～⑤的步骤做，可以同时快速消耗上半身的脂肪喔！

## 室内室外都能进行的运动

### 跑步

近年来，台湾地区的跑步运动兴起，几乎成为所有参与运动的人的入门选项。跑步可说是最简单的运动之一，不需要特别的装备、训练或天赋，只要一双跑鞋就能立刻开始。一项研究报告指出，运动前应该热身10分钟左右，利用“动态伸展”，如抬腿跑、开合跳、肩绕环、毛虫爬、小步跑、跳绳、踩动感单车等方式，让呼吸加速、身体微微发汗，以达到最适合运动的状态；天气寒冷时要延长热身时间，以有效避免大腿后方的肌肉拉伤、脚踝扭伤等运动伤害；运动后不要立刻停下来，应该进行5～10分

钟的低速跑、快走，接着做“静态伸展”来收操，放松因运动而变得绷紧的肌肉，借此减少延迟性肌肉酸痛，也能预防运动后心脏发生问题。

美国运动医学会（ACSM）指出，每周至少要运动两天以上，才能维持或增加肌肉力、肌肉耐力与肌肉量。依据美国的“体能指引”建议，每周总运动量分成三天以上进行，不但能降低罹患疾病的风险，还能避免过度运动造成的伤害。

中国人推崇中庸思想，认为过与不及对健康都有不良影响。这是有道理的。近年来，许多研究者纷纷指出，运动虽然能调节身体免疫力，但是过度（时间太长或强度太高）的训练反而会让免疫力下降，增加患感冒或呼吸道感染的概率。2015年，哥本哈根市心脏研究（CCHS）在《美国心脏病学会杂志》（*JACC*）上发文指出，每周运动4～6天最能有效降低因心血管疾病导致的死亡率。

至于每次应该跑多久？美国运动医学会认为，进行有氧运动的时间长短，应该根据运动强度来决定。高强度有氧运动应该每周进行3天，每次至少20分钟；中强度有氧运动每周进行5天，每次至少30分钟。无论中强度或高强度运动都应该持续至少10分钟。这样才能有效促进心肺耐力，带来健康。不过，锻炼还是要量力而行，该休息就休息，不要逞强去做任何运动喔！

跑到最后，当我不再因为上气不接下气而停下脚步时，那就是找到自己节奏的时候了！

- 提示 -

喜欢健身的人都可以选择跑步，但不是人人都适合。当你觉得膝盖、脚踝因跑步而出现问题时，千万不要咬牙坚持，而是去医院接受医生诊断。

# 筋长一寸，寿延十年

## 瑜伽

“瑜伽是一个通过提升意识来帮助人类充分发挥潜能的体系。瑜伽修炼是运用古老而易于掌握的技巧来改善人们的生理、心理、情感和精神方面的能力，是一种达到身体、心灵与精神和谐统一的运动方式。古印度人更相信人可以与天合一，他们将不同的瑜伽修炼方法融入日常生活且奉行不渝：道德、忘我的动作、稳定的头脑、宗教性的责任、无欲无求、冥想、宇宙的自然和创造。”

## 所谓瑜伽的“八支”（Eight Limbs），即八种方法

1 制戒（Yamas）
指外在控制，宇宙的道德戒律。

2 遵行（Niyamas）
指内在控制，通过自律进行自我净化。
累积里程：3公里

3 体位（Āsanas）
指瑜伽姿势，也能称为调身。

4 调息（Prānāyāma）
利用系统的呼吸方法，进行呼吸控制和能量处理。

5 制感（Pratyāhāra）
精神从感觉和外部事物的奴役中解脱出来，指感觉消失，控制内心，也称调心。

6 专注（Dhārana）
集中注意力以帮助提升生命之气。

7 禅那（Dhyāna）
即冥想。

8 三昧（Samādhi）
由冥想而来的超意识全部集中到灵魂中，和宇宙合而为一，超越意识的境界，身体和感官静止，看似在睡眠，但头脑仍保持警惕。

初学者应循序渐进，正确练习，注意呼吸和每个动作的正位和呼吸。这样才能达到好的锻炼效果。现代人因为很忙碌，要从工作中抽出时间做自己喜欢的事，哪怕只是1小时都必须费尽心思。这时，瑜伽就是既方便又省空间的好选择了！

瑜伽练习非常注重让人放松和休息，在训练全身肌肉的同时，可以通过每个动作去用心感受身体：运用呼吸、伸展等动作带动氧气在肌肉中流动，唤醒肌肉；暂时放下脑海中杂七杂八的琐事，忘记工作压力与倦意，让身心振作起来，工作时也能更加专注。

- 提示 -

享受每个停息的时刻，

细心锻炼自己的身体和意志。

# 新形态运动，推荐给追求新鲜的你

## 运动塑形操

运动塑形操是一种新形态运动，结合芭蕾、普拉提和流行音乐等元素，课程中会运用不同的辅助器材来做变化，其动作优雅又能锻炼身体线条，很适合女性。当然，男性也可以尝试！培训班上确实也有男性跟我们一起上课。

辅助器材中，看起来不怎样的弹力球其实很恼人！老师总是做得轻松自在，但学员真正夹起球才知道有多不容易，每次大腿内侧都酸到让我不想说话。还有一对看似轻巧的一公斤重小哑铃，举哑铃必须保持上身平稳，只动大小手臂与掰掰袖（肱三头肌），借此锻炼上肢。第一阶段做完后那种酸痛程度实在太过瘾了！接着是弹力绳，这条小玩意儿是我觉得最酸的器材，把它套上脚踝或膝盖上方的大腿位置时，我总会在瞬间激发战斗精神，用双脚做出让自己印象最深刻的“蚌壳精”的菱形动作，然后上下开合交错变化。做完后，我真的想打老师！

Down an inch, up an inch.（向上一英寸[1]，向下一英寸。）

动作不用太大、不用太猛，保持一英寸的摆动幅度，反而可以有效训练小肌肉群和小范围肌肉群。

---

[1] 1 英寸约合 2.54 厘米。

ROLE MODEL SOUL SEEK
FORMER

感谢辣妈Janet（珍妮特）老师协助指导

- 提示 -

在做把杆动作时，记得手不要抓得太紧，否则手腕和手臂会很酸；

动作不要快或超过范围，力求精准与小幅度练习，这样会有助于稳定动作。

# 练完就能加入马戏团

## 空中环

我以前常在电影中看到马戏团表演荡空中环，感觉这是很有挑战性的运动，所以当即报名去玩玩看。

空中环是空中舞蹈中的一种器材，表演者运用身体核心肌群，通过柔软度、平衡感、肌肉耐力等技巧上环。想参与这项运动，我觉得抗压性的心理训练是必备的，因为只要是违反地心引

alo

力的运动，核心肌群都要用上“100万倍”的力，由此带来的挫折感是一定会有的。

空中环也是力量和美的结合，它是垂悬在半空中的钢环，外形类似呼啦圈，可以旋转、固定，也可以像荡秋千一般晃动。表演者会在环内、环外、地面上甚至在环与天花板的交接处表演空中特技。

不想动作很丑、利用蛮力上环，就必须持续练习，以给自己满满的信心；记住每个环节，记住每个动作间的关联性。钢环硬邦邦的，却能附和身体的柔软展现优美，予人惊喜感，这也是我很喜欢这项运动的地方。

- 提示 -

上课一定要专心，

没有老师在旁边时不要尝试高难度动作。

# 调整呼吸节奏，和自己对话

## 马拉松特辑

每当我感到沮丧、失落或找不到答案时，第一个念头就是出门跑步散心，至于要跑几公里、跑多久、跑快还是跑慢，那都是次要的了。2016年发生了很多事，留下了许多珍贵且不可磨灭的记忆。这一年对我来说，跑步成了我释放情绪的方式。到了2017年，我的新目标就是让跑步赋予自己力量，把烦心的事统统甩到身后，一步一步跑出我的动力和助力。虽然跑步不是我的强项，但它终究丰富了我的运动人生，而且是能一直看到进步的那种。

adidas

THIS IS #WHYIRUN
adidas
FITNESS
THIS IS #WHYIRUN

## 2014.12.21

2013年，我参与富邦马拉松活动的广告拍摄，来年便首次参加富邦马拉松比赛，在现场看到很多很厉害的选手。通过这次赛事，我意外地挖掘出自己隐藏的意志力。

那时我差不多才跑了两年，从一开始的乱跑到寻求教练指导，每个礼拜还有固定的体能训练。一系列精实的训练下来，体力真的有变化！除了锻炼身体本身外，锻炼意志力这方面就和演戏一样，当自己觉得快撑不下去的时候，内心总会出现另一个声音，告诉自己还有5公里……还有2公里……这一刻思绪会变得格外清晰、没有杂念，让自己不顾一切地向前迈出步伐！

老实说，以前我对跑步没有太大兴趣。因为我觉得跑步的过程很无聊，除非沿途有漂亮的风景或其他看点，不然我真的完全跑不下去！当然，如果边跑边听我自己列出的专属歌，“嗨歌”“慢歌”兼具，节奏和歌曲分配妥当，那就另当别论！

之所以会坚持踏上跑步这条路，是因为前两年朋友们开始疯狂地参加马拉松比赛，有一次还拖着我去参加，这才让我跟着沦陷。哈哈哈！对此，我既想“杀”了我的朋友又对他们充满感激，心情超矛盾。

#我是
跑者
I am a runner.
adigirls
run

## 2015.12.20

凌晨3点半起床，填饱肚子，5点多到现场暖身，等待6点开跑。这是我初试半程马拉松比赛，也是第二次参加台北马拉松比赛。之前我顶多跑10～15公里就达到极限了，这次却要跑21公里。看着现场参赛者高涨的情绪，我既期待又紧张。

当天跑到一半时天上出了太阳。冬日暖阳稍稍缓和了我不安的心情。开跑前几天，教练陪我练跑和做最后训练，他建议的“肝糖超补法”好像起了作用，我的身体能有效且刚好消耗完所需的能量，全程没有碰上抽筋或热量不足等问题。

我们一路跑过市政府、前圆环、中山北路、美术馆前上桥、大直、河堤旁、环东大道、基隆路，再回到市政府旁。这些地方，我平时开车都是“嗖”地一下就过去了，不会特别留意；像这样边跑边看，反而多了一种很有男子汉气概的感觉。

谢谢阿迪达斯公司举办方的用心准备，也谢谢工作人员和我的关注者们——他们陪我起了个大早，到现场为我加油，真的超感动！完赛后，满脸是汗和沙的我觉得这次体验好值得。

Heart filled with good, the world in the eyes is beautiful.（好心情好能量，所有眼里看到的世界，都是美好的。）

## 2016.12.18

这是我第三年挑战台北马拉松比赛。途中碰上了一个小插曲，就是在塔悠路的水门，晶片被没收。原本以为已经跑了30公里了，距离比赛截止时间还有1.5小时，剩下的12公里可以在1小时内完成，没想到因为疏忽了路面管制的时间，在跑剩下的10公里时，晶片就被“抢劫”了！不过为了市民的便利和安全着想，还是以遵守大会的规章为主，不影响使用道路之人的权利啦！

从彩虹河滨公园跑到成美桥再折返的这段路程，太阳晒得我把需用半年的维生素D一次性全部吸收（大满足），同时又燃烧了3000 多卡热量、完成超4.2万步的步数。有图有真相（笑）！

感谢阿迪达斯公司举办方的所有工作人员，如果少了他们的协助和支持，小女子可能没那个勇气参加全程马拉松赛事，感谢他们提供了最好的比赛装备，让我能专心训练，好好保护身体。

面对马拉松比赛，我是怎么准备都不够。本来就没有人是百分之百完美，我觉得正确的心态和不懈怠的学习才是最重要的。为了参加马拉松，我上了很多课、看了很多文章、听了身边跑步者的建议、积极到河堤练跑。有了这些经验，我真的打从心底钦佩那些厉害的跑步者，他们真的是超人。

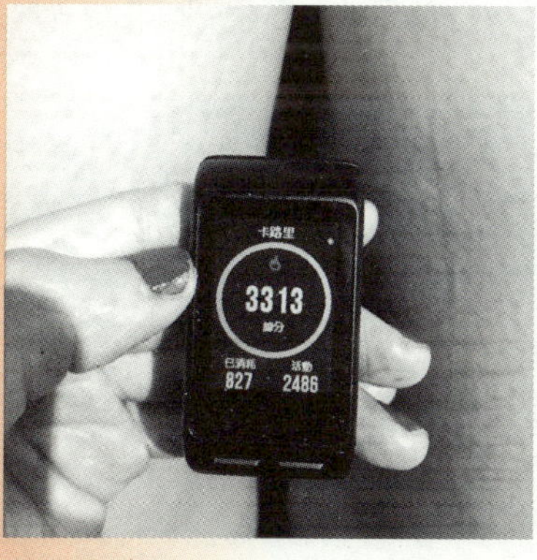

# 第3章

# 挑战极限

别人说『不可能』的事，都是他们做不到的事。不被设限，不害怕未知，只有自己的身体才知道极限在哪。

勇敢追逐，随兴尝试，把人人相同的24小时活得特别精彩。

第　1　节

# 挑战胆量：空中瑜伽

In life, you must learn how to F.L.Y.（First Love Yourself）（在生活中，你要学会如何先爱自己）

给自己一对翅膀，自由到达任何地方。

2016年去纽约自助旅行时，我上了一堂很棒的空中瑜伽课，从此爱上瑜伽这个堪比艺术的运动。

上课的那间教室名叫Om Factory（阿门工厂），那是我第一次和来自不同国家的人一起上课。刚开始时我有点紧张，怕大家能力都很强，只有我跟不上。后来发现好悬，幸亏平常我都进行自主训练，所以除了某些连贯动作不那么熟悉外，其他基本动作还都跟得上（苦笑）。除此之外，我还发现一种情形：当自己换个环境专心做一件事时，突然所有英文都听得懂了！觉得神奇！当然，我从小到大都爱学英文。

以前因为觉得瑜伽动作很慢，我不会特别想去接触瑜伽，不过就在我尝试空中瑜伽后，发现自己的身体还有很多不足的地方。瑜伽动作蕴含许多身体和心灵层面的训练与疗愈，通过和挂布的连接，我体会到空中瑜伽的深度及其带来的挑战。

回台湾后，我找到Om Factory台北分馆并进行一连串课程

AERIAL
YOGA
50HR
TEACHER
TRAINING
2016
OMFACTORY

训练，克服一开始时的重心不稳和内心恐惧，逐渐习惯待在挂布上的奇妙感觉。练过空中瑜伽的人应该都知道，如果只是想伸展一下肌肉或锻炼肌力，当然可以挑简单的动作做。可是我是一个喜欢冒险和尝鲜的人，所以上了一阵子入门课程后，就决定要挑战晋级训练，想都没想就报名参加国际师资培训班。

空中瑜伽，又称反重力瑜伽（Anti-Gravity Yoga），主要利用悬挂在半空中、垂坠高度至人体腰部或臀部的挂布吊床来支撑身体，借由与挂布的互动来达到运动效能。我觉得空中瑜伽是一个非常迷人的运动方式。

进行这项运动时，遭遇的挫折不会比其他运动少，但如果你想尝试在空中短暂飞行，或想对抗自己内心的恐惧，那么非常希望你来体验这项自由奔放的运动。

接受了一年多的空中瑜伽训练，除了身体线条与肌肉力发生

变化外，它也是让我心灵安定的绝佳途径。

我的手臂和背明显变得比以前有力，这帮助我在重量训练时能稳住上半身，减少可能发生的运动伤害。以往我是个很急躁的人，这点也显现在开车上（笑）。只要某天行程排满，我就会像火箭一样冲来冲去，自己也不清楚是在赶几点的事务。不过，在接触瑜伽之后，我的心境有了显著的变化。每次把自己逼上绝境的时候，身体和脑都会适时告诉自己放慢速度，冷静下来，不要把事情全部挤在一天内做完，应该分轻重缓急一件件地依序完成。

很多人会问我，空中瑜伽这项运动容易上手吗？老实说，空中瑜伽是任何年龄层都能尝试的运动。有些人觉得，大概要肢体柔软或有一定舞蹈基础的人才能上挂布训练。其实不见得，因为空中瑜伽是可以训练身体各部位的一种运动。

第一堂课，你得先跟挂布做朋友，熟悉一下挂布的触感和伸

展性，在上面倒挂是一件很疗愈身心的事情（对我来说啦！），特别是锻炼身体。因为空中瑜伽有很多动作需要将全身力气放在同一支点上，所以不管是腰、大腿、小腿、手臂和腋下都可以参与其中。

推荐给喜欢尝试不同运动的朋友（应该会上瘾喔）。

运动能让我们充分体验生活、了解自己。我们都会在无形中建立自己的档案库，想要什么回忆或需要重要数据时，大脑就会自动分门别类，列出记忆中美好灿烂或者不堪回首的片段。大脑需要被训练，身体也如此。

我想在自己还能恣意活动时，好好发挥无限的创意和让生命的潜能达到极限。每次只要一生病，不能像往常一样安排工作和运动，我就会非常、非常沮丧。我想，有运动习惯的人都体会过这种说不出的苦。因为只要一两天不动，身体就会不听使唤，肌肉力下降、心肺功能变差，或者连贯性动作变得迟钝。对于有强迫症的我来说，碰到这种时刻，镜中的自己怎么看都不对劲：肉开始松了，马甲线变浅了，掰掰袖又开始猖狂了！我能切实感受这些身体上的微小变化。这就是我没办法让自己停止运动的原因。

强迫症的原因可能也跟我的工作有关。为维持外在的最佳状态，我不能太恣意大吃，或常态性熬夜参加舞会，或做些让代谢下降的过度放松的事。可能会有人想反驳："哪有这么夸张，吃有什么难的！"实际上，吃是真的很难的！又不是每个人都有空天天在家煮食物，或买一堆新鲜蔬果精心摆盘、打冷压果汁。每次看到网络上疯传的食物图片，总会心生感叹，我应该努力赚钱，然后请人为我量身定做跟"维多利亚的秘密"品牌宣传超级模特一样的健康餐。哈哈哈哈！不过，现实就是现实，我还是继续实验自己，秉持"小资女"的精神比较实际，稍微精打细算一下还是可以让自己（跟超级模特一样）美美的。

花时间投资自己绝对是值得的。历经将近70小时的训练，外加不定时的自主练习、每周三的空中瑜伽培训课程，我终于在2017年3月12日拿到了证书。这是我人生中第一张出于兴趣考取的证照，超感动的！这种感觉跟以前组团发照片的兴奋感不同，真的很感谢我美丽的

好友兼老师Shany（莎妮）。遇到行事一致的人，真的可以摩擦出各种火花，在分享运动和舞蹈经验的同时，更把包括空中瑜伽在内的瑜伽训练融入生活中。身边有个能彼此监督、享受运动的伙伴是一件很幸福的事。大家赶快揪住身边的朋友一起运动吧！这样既不会无聊，又能彼此拍照做记录，多好！

在培训过程中，我学到不少观念和技巧，在第一堂课上，老师就点明要学员“自行决定身体的适应程度和疼痛度”。当然，不是身体有些许酸痛就马上放弃喔，而是要求学员在觉得有点不对劲或使不上力时，不反抗身体的信号，及时向老师反映。

“瑜伽和健身是完全相反的运动。”这句话让我印象很深刻，毕竟有很多人是通过网络媒体看到我热衷健身而认识我的。老师这么一说，激发了我的好奇心。下面，我来精简一下请教老师的结果：

▲健身旨在对抗身体的惰性，突破自己，不断强大身心。

▲瑜伽旨在让身体回到正位，保持身心平衡，用心感受自己的身体。

人生常常会面临极端又冲突的时刻，运动也一样。在陆续接触各种运动后，我才发觉没有一项运动是绝对能做到什么成效的。接受空中瑜伽师资培训后，有个环节我认为很重要，想分享给正在教学或即将成为教练的每个人。成为教练，除了技巧和教学经验要够，也要懂得怎样跟学员相处，用正确的方法去指导学员做出每个动作。接受指导的那段时间，老师一直反复强调：“教课时不能自大，要在学员面前表现得谦虚，帮助他们找到安全感，保护学员的安全。”

我希望自己能做得跟老师一样标准，一样完美，但下课后总觉得没什么自信，好像很多动作都做不好。这个时候，如果老师

很有耐心，给予学员安心表达的空间，将是帮助学员重新建立信心和找到安全感的好方法。

在学习或教学的时候，老师和学员一定都希望能在短短1小时内在彼此间产生很棒的火花，这样在看到每个人满足的笑容还有汗流浃背的模样时就有一种成就感。

第　2　节

# 在美国的冒险之旅：跳伞和公路旅行

事情发生在2016年5月26日。那天，我和好姐妹在纽约开始自助旅行，其间，突发奇想乘火车去长岛跳伞中心（Long Island Skydiving Center）跳伞。行程来得很突然，但这个想法其实早就列在我的“极限清单”上，有好多年了。

抵达跳伞中心现场的时候，天气超好，等待跳伞时我的兴奋神情好像亲眼见到约翰尼·德普那样夸张，直到柜台人员拿出一份很像期末报告的资料（这就是百闻不如一见的生死契约书）让我们仔细填写，另外还要求我们录像存证时才停止。到了这个时候，我才惊觉自己即将参加跳伞了，脑海中顿时浮现“别闹啦”的怯场的声音。可是，我们都千里迢迢来到这了，所以还是硬着头皮前往基地换上装备，现场听教练解说登上小飞机和跳下去后的注意事项；然后就这样英勇地踏上跳伞之路。

小飞机飞上1.3万英尺[1]后，教练靠着舱门倒数“3”——“2”——还没说“1”，我就被推出舱门，垂直坠落了！！！

[1]　1英尺=0.3048米

“Fu××”——我一降落地面，马上转头质问教练为什么这样作弄我。原来，他是怕我突然畏惧而不敢跳，才这样不按牌理出牌啦！

话说回来，被推出小飞机后，我马上体验到人们所说的自由落体的感觉。原来失重的刺激感是会上瘾的（当然前提仍是安全第一），难怪身边跳过伞的朋友都想挑战第二次、第三次。被教练背叛的我暂时忘了一切，开伞翱翔于一望无际的天空中，瞬间有想哭的冲动。这段飞行除了能饱览当地美景外，飘浮在空中的不真实感也让我好生感慨。我们其实都非常渺小，当你用旅行或其他方式认识大地是多么壮丽和不可捉摸后，看待自己和周遭一切事物的角度就会不一样。跳伞真的超好玩！

相信和我一样是射手座的人，一定会跟我一样爱上这种自由落体的感觉（笑）。

世界很大，我们只是宇宙中的小蜉蝣，渺小的我们更该好好生活、好好享受当下，有梦想就不顾一切地尝试，没试过怎么知道自己行不行？

These are the days we won't forget.（这些日子我们不会忘记。）

这些疯狂的事让我的身心得到空前大释放！！！

Sometimes you just gotta lean back and say fuck it.（有时候，你只需要躺下放松，喊一声“去他的”。）

附言：跳伞除了需要胆量，还需要一个很有男子汉气概的教练，哈哈哈哈！

不管长多大，冒险的心永远都在。

2016年3月，我和好姐妹出发前往美国，展开一段既疯狂又十分难忘的探索之旅。为什么会规划这趟疯狂的自助公路旅行呢？一切都要从3个月前的一部电影说起。

这部电影是*THE MOTORCYCLE DIARIES*（《摩托日记》），讲述一个普通的患有轻微哮喘而不用服兵役的医学院学生选择组织游击队发起反抗运动，改变人生的方向，成为家喻户晓的反抗者的故事。这样的内容听起来好像没那么吸引人，但主角游走、流浪的过程中看到的真的是壮丽与残破并存。途中因为车子损坏，必须徒步、搭便车（我们的旅程也会发生很多让人傻眼的事），以及主角与不同阶层的人接触，诠释贫富差距的社会现象，这些都让我很有感触。但让我印象最深刻的是，这部电影里再美好的设想都会被现实像大扫除般拂去灰尘，显露出让人无法接受的真实面目。结束这段与现实世界和人性纠葛的旅程后，男主角说："我已不再是我，起码不是相同的我。"这句浪漫又沉重的自白让我好震撼。

在两个月的放逐自我旅程中，遇到的情况当然不可能像电影里演得那么悲壮。我没有伟大的梦想，也不怎么追求物质生活，我单纯希望通过这次旅行，为自己做点什么，用辛苦攒下的积蓄去完成这趟未知的旅程。

旅行即将结束的前一天，我想到了电影中的一小段独白：“你迷失的是什么？每个时刻仿佛被分割成了两半：为离开老地方而犹豫感伤，同时又为踏上新的土地而再次澎湃激昂。”

这趟旅程中，我收获了一箱无价宝藏。每天早上醒来都是崭新的一天，不管醒来时的心情或行程是什么，回想起旅程中的各种情形还是会伤感，也有些遗憾，但我很享受这样的回味过程，因为它让我有努力的目标，保有一颗努力的心。

“世界改变你，你改变世界。”

——《摩托日记》

到达纽约的第一天就发生超恐怖的事。

我的行李很多（两个月的用品），但因为想省钱所以选择乘坐地铁，结果差一点找不到住的地方。另外，我不小心订到了很诡异的公寓——人生嘛，就是要不断接触和探索各种正负能量。

第六天开始，因为姐妹有自己的行程，我们只好暂时分开。我通过爱彼迎网站订了一间房，幸运地遇到了好房东、好价位和好环境。我成长的过程中，很少有自己一个人住的时候，所以我一个人处理生活大小事，最初真的手忙脚乱！但过一阵子就习惯了（笑），毕竟射手座的人……把我们丢在荒郊野外也能生存下去。怀抱既期待又怕受伤害的心情，每天回公寓我都觉得时间好少，怎么规划都不够用。

抵达纽约的第三天，时差带来的不适终于好了一点，我也习惯了早晚温差大的天气。回想第一天在地铁站狂奔、第二天借助导航设备疯狂地步行，一切让我感觉既陌生又熟悉。之后的每一天，醒来时我都会以为自己还在台湾呢！可能是我太想念台湾的美食了，哈哈！虽然纽约也有超多好吃的，但我就是会突然想吃正统干面加蛋花汤啊。现在，我已经习惯这里的生活方式了，戴上耳机，不理怪人、流浪者，快步向前走就对了；有不懂的地方就疯狂发问，不怕丢脸，哈哈哈哈！来纽约的第七天，一切平安。

好好存钱，不要让行程有太多压力。期待新的一天，直面可能失落的时候。

2016.03.22

抵达纽约后来一首 Of Monsters and Men（怪兽和人类，乐队名）的 *Dirty Paws*（《肮脏的爪子》）吧！

因电影《白日梦想家》而知道这首歌，

当Walter Mitty（沃尔特·米蒂）终于冲破束缚，

踩着滑板滑行，南下去小镇时，

*Dirty Paws*的节奏响起，

一场华丽的冒险就此拉开序幕。

当你跟我一样，

选择在某天启程奔向远方，

希望你的旅程也充满奇迹，充满发现。

100万种生活，

祝福我和你都能过上理想的生活。

2016.03.23

The Metropolitan Museum of Art（大都会艺术博物馆）

上一次到纽约还是五六岁，
记忆里只有鸽子、枫叶、自由女神像、
公园的沙池和热狗堡，
我的记忆从五岁开始，不知道算不算正常？
那时候的视线矮矮的，
最常看到别人的屁股和买菜的提袋，
当然身旁一直都是我妈，
牵着我的手在城市中穿梭。

## 2016.03.24

有一点时差，

感觉昏昏沉沉的，还有一点冷。

下午去了中央公园，

一切如早晨般平静，

想起*When Harry Met Sally*（《当哈利遇到莎莉》，电影名）。

## 2016.03.25

The best use of life is love.

The best expression of love is time.

The best time to love is now.

（生命最好的应用是爱，

表达爱的最好方式是时间，

示爱的最佳时机就是现在。）

一个人旅行的第一天，

加油！

早餐地点：Russ & Daughters（多斯特餐厅）

下午茶地点：Eggloo（鸡蛋仔）

2016.03.26

来纽约一定要去MoMA（The Museum of Modern Art，现代艺术博物馆），

恰巧星期五晚上由UNIQLO（优衣库）赞助免费入场，

真是太棒了！

用Andy Warhol（安迪·沃霍尔）、Salvador Dalí（萨尔瓦多·达利）、Claude Monet（克劳德·莫奈）

填满整个充满艺术气息的下午，

虽然只用一天时间，其实看不完，

但一个人坐在一楼花园边休息时，

就已经开始期待明天了……

附言：Halal Guys（清真食品）也太好吃了！

## 2016.03.27

### Rockefeller Center（洛克菲勒中心）

对曼哈顿多了一些了解，
这是一个比台北生活步调更快、更紧凑的城市；
纽约有各式各样的人，
走在路上或在餐厅用餐都觉得来到不同国家，
台湾女生很容易被当成小孩（笑），
但没关系！
我们充满男子汉气概的行径，也是有吓到老外的时候，
还有好多事情和行程正要启动，
希望能顺——利——完——成——
今日晚餐推荐：Quality Meats（优质肉类，牛排超好吃）

## 2016.03.28

### 9 • 11 National Memorial（9 • 11国家纪念馆）

“你去纽约，一定要看一个很酷的表演，
我觉得你会喜欢！”
某位很久没见的朋友叮嘱我，绝对不要错过。
嗯，真的！
我看了一辈子都忘不了的演出——
*Sleep No More*。（《不眠之夜》）

## 2016.03.29

整出剧就是莎士比亚《麦克白》的故事，

用各种互动方式呈现，

观众也是演员的一部分，

置身于另一个年代的感觉是那么神秘和迷人。

只要戴上白色面具，

你的场次即将开演，

抱持不知道会发生什么事的心情，

准备好面对奔跑于各楼层的突发状况，

不来玩会后悔一辈子之lucky me（幸运的我）竟然在这！

## 2016.03.30

午餐：Luke's Lobster（卢克龙虾）

喝一杯，地点：Beauty & Essex（美与埃塞克斯，餐厅名）

## 2016.03.31

在纽约，我最喜欢的美术馆之一，

纽约惠特尼美术馆（Whitney Museum），

每层楼都能瞭望哈德逊河与纽约市中心。

我喜欢整座建筑，

看似一个巨大的工业产物，

运用大量透明的玻璃、
露天阳台和超美的瞭望台，
户外空间也很棒，
走累了，随时可以到外面呼吸新鲜空气，
看看High Line（高架铁路）上的各种人、事、物。
想推荐这家美术馆给你们，
这里的每个角落都努力传递着融合城市、
最接地气的生命力。

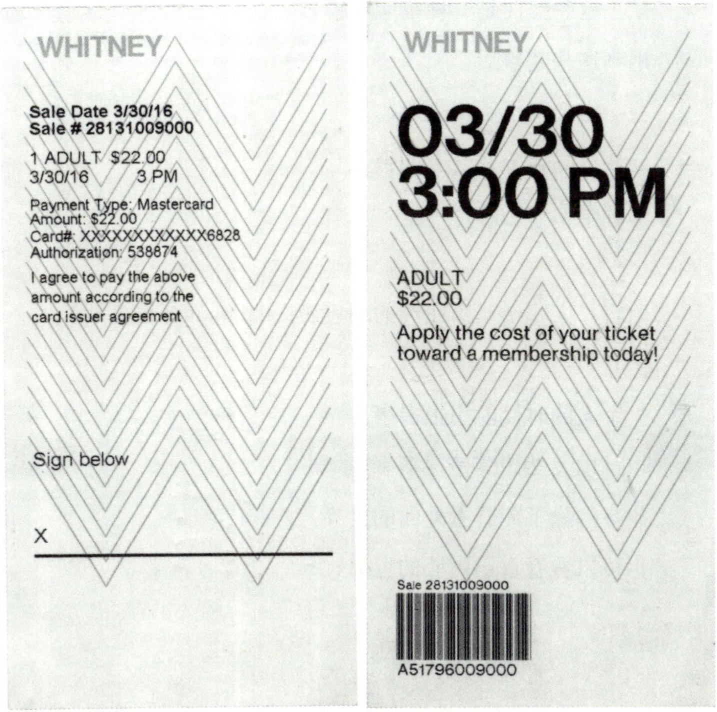

2016.04.01

Washington Square Park（华盛顿广场公园）

人生中多少都会有些不好的事情，

借此打开你的视野，

让你看到过往未曾关注的事。

譬如说，在餐厅被种族歧视、

坐地铁东西被偷……

就当这些插曲是一种提醒和警告。

遇到这些瞎事后，

我一定会变得脸皮更厚，

还要提高百分之一万的警觉！

（握拳）

附言：大吃于一家纽约的刈包店：Baohaus（包豪斯）

一个人的时候能想很多事，

也可以突然想清楚很多事，

旅行，除了能看看外面的世界，

也可以看看自己内心的世界。

今天离开纽约了，

十天的自由行，

我的清单里列着无数地点，

虽然不一定每项都能达成，

但还是很开心，自己完成了十天满满的行程。

（当然也要感谢所有朋友）

我应该会很怀念脚走到烂掉的时候，

现在已经抵达LA（洛杉矶），

吃着IN-N-OUT BURGER（汉堡包）。

久违的阳光让我有点莫名感动，

犒赏自己一餐。

地点：Yakiniku Yazawa Japanese Wagyu（日本矢泽爱和牛烤肉）

2016.04.03

人生第一次现场看NBA（美国职业篮球联赛），

Los Angeles Lakers VS Boston Celtics，（洛杉矶湖人队对阵波士顿凯尔特人队）

终于能体会，为什么男生每次观看比赛都会尖叫了，

现场实在是让人热血沸腾，连我都在莫名尖叫，

这是一场值得纪念的比赛，

关注NBA的人应该知道！

（喔，对了！巧遇贝克汉姆，

但我傻眼，不敢过去拍照！哈哈哈！）

## 2016.04.04

走在Santa Monica（圣莫尼卡）的海边，

手机随机播放的第一首歌就是

*How Great Is Your Love*，（《春日》）

充满爱和赞美的词句，

让我想一直repeat（重复听）到黄昏，

之后去Venice Beach（威尼斯海滩）散步，

是要浪漫死我吗？

## 2016.04.05

今天在洛杉矶市区走走逛逛，

在台北很少有像这样的放松行程，

突然觉得很久没这样了，

什么都不想，

好好看，好好吃，好好享受阳光和景色。

推荐我喜欢的餐厅：Urth Caffe（乌斯咖啡店）

旅行中最爱的行程就是去登山，

俯瞰不同的城市，

感受一天中的天气变化，

与大自然和平共处，

心中的感动无价。

## 2016.04.06

“Hollywood Sign”（好莱坞标志牌）前的小径，

是这次健走的路线，

我们几个朋友走到几乎死掉，

阳光超强，尘土飞扬，坡度又超大，

我自己觉得超好玩，

但其他人应该想把我“杀死”（笑）。

晚餐补充蛋白质的好去处：

Mastro's Restaurant-Steakhouse, Beverly Hills（比弗利山庄马斯特罗牛排餐厅）

## 2016.04.08

### The Broad（布洛德艺术馆）

在洛杉矶必去的美术馆（太喜欢了，马上加入会员），

当时展出的是

“Infinity Mirror Rooms—The Souls of Millions of Light Years Away”（无限远的镜屋——百万光年之外的灵魂），

在镜屋里面只有短短45秒，

草间弥生利用无数面镜子和LED（发光二极管）灯营造出

“百万光年之外的灵魂”氛围。

黑暗中数不尽的星光，

让人有种迷失在宇宙中的错觉，

美得让人窒息，

顿觉在无尽的空间中，自己是多么渺小。

## 2016.04.09

不管事情开始于哪个时刻，

都是对的时刻。

每一件事都正好是在对的时刻开始，

不早也不晚。

“生命”每天都在为你刻画不同的故事，

留下深邃的痕迹。

晚餐：Giorgio Baldi Ristorante（乔治·巴尔迪餐厅）

## 2016.04.10

“The Getty Center”（盖蒂博物馆）

今日参观博物馆，

整座建筑如同一件艺术品，

是用100多艘从意大利运来的轮船做成的，
上面有白色的海洋生物化石，
光是外观就很吸引人。

Van Gogh（梵高）的《鸢尾花》（*Irises*）在馆内也可以看到，
无数件收藏品充满各种故事，
我在其中一间里就待了将近两小时。
刚好看到网络上写的：
“对于23岁即成为百万富翁的保罗来说，
人生最大的乐趣——
就是疯狂地收藏古董、
法国精品家具与各类摆设用品。”

附言：这是全世界最有钱的美术馆，
只要付停车费就可以参观。

2016.04.11

Malibu Beach（马里布海滩）走走
大推海豚餐厅：Moonshadows（月影）

## 2016.04.12

LACMA（洛杉矶艺术博物馆）是我在洛杉矶最喜欢的美术馆之一，

看了《雨屋》（*Rain Room*）的展出，

待在里面玩了好一阵子。

雨屋的设计概念是一间下着雨的屋子，

凭着体温感应，

站在里面的人不会被淋湿，

周遭却不断下着雨。

帮我拍照和录像的是一位年轻的黑人女孩，

选她，是因为只有我跟她，

自己排队来看。（比“赞”）

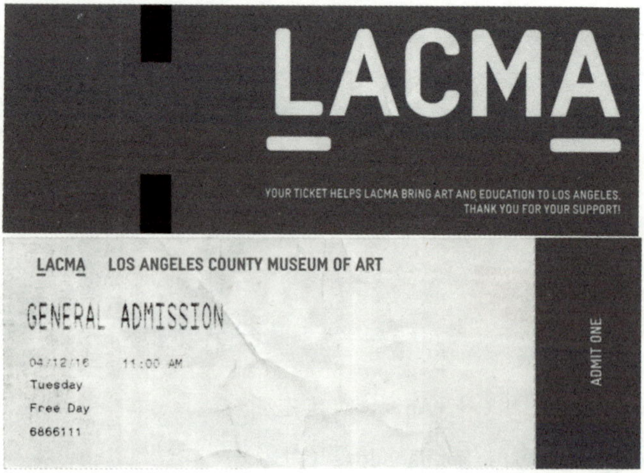

2016.04.13

## MOCA（洛杉矶现代艺术博物馆）现代艺术馆

刚好路过的一个小惊喜，
这里以收藏20世纪40年代以后的艺术品著称，
当天刚好有小型乐团的室内表演，
配着电子乐（外面难得地下着雨），
感觉好奇妙。

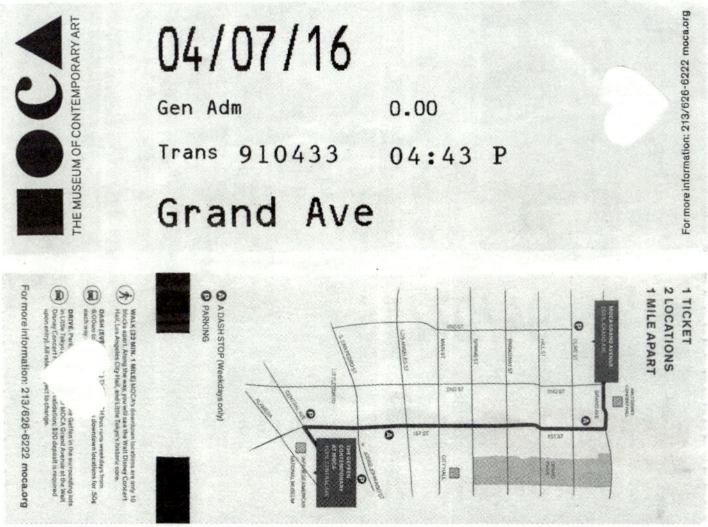

2016.04.14

Behind every beautiful thing,

there has been some kind of pain.

（每种光鲜的背后，都有各种痛苦。）

还在学习面对心里的所有事情，

但每天都有新的收获和感动。

2016.04.15

Six Flags Magic Mountain（六旗魔术山）

2016.04.16

人生中的第一个音乐季，

觉得既新鲜又期待。

之前通过各种社区网站浏览过无数次，

这次真的说走就走，

没在开玩笑！

来吧！

集结各种音乐、艺术和设计的Coachella（科切拉）草地音乐节即将展开！

今天是Coachella Day 1（科切拉第一天），

大太阳配一颗大西瓜，

简直是我的救星！

但我累了（老人感完全在今天出现），

从下午2点到晚上12点，
边流汗，边做有氧运动，边跟着大声唱歌，
美好的一天，
还好没输给疲倦和饥饿。（大笑）

## 2016.04.17

世界上发生的每件事情，
没有一件是出于偶然或巧合，
那是我们在这趟未知的生命旅程里，
必须去面对的、尽管残忍却又美好的机会，
结果无非继续发展或就此结束，
全然是未知。

不强求的，永远来得措手不及。
（觉得生命很奇妙，
每天都充满各种“糗事”和挑战。）

## 2016.04.18

新朋友、新挑战、新体验、新的国际交流，
心力交瘁的情况下，
我挤出最后一个笑容结束这几天，

到底要从哪里说起？

我想，

就从那个偶然的夜晚开始吧！

2016.04.19

一个人在饭店里醒来，

好像睡了好久好久，

有没有睡足，好像也不太感觉出来。

刷牙洗脸完，

去了健身房，

有点不知道自己在干什么，

拿着哑铃和一条毛巾，

坐在椅子旁发呆了一阵子。

2016.04.20

只能说，

不管人在哪，

身体和心灵还是要持续动起来。

近期真的觉得有效的运动能帮助身心平衡！

（因为昨日太荒唐，所以今日决定找回动力和抽离一天的魂魄。）

2016.04.21

什么叫不无聊的人生？

我想，

就是一直学习……一直学习……

当快乐被生活杂事取代，

唯有智慧和生存本能可以让你渡过难关。

## 2016.04.22

公路旅行出发第一天，
收拾好行李，
驾车开往San Diego（圣迭戈）。

抵达La Jolla Cliffs（拉荷亚悬崖），
看夕阳超美的地方。

To: Me & Myself（给我自己）
突然觉得，
我们并不远，
因为，
我们仰望的是同一片天空，
呼吸的是同样的空气，
感受的是同样的寒冷和炎热。

## 2016.04.23

喜欢享受阳光，多过躲在阴暗中；
喜欢自由自在的日子，多过被牢牢限制和规范；
喜欢冒险探索各种土地，多过安逸、原地打转；
喜欢悄悄制造小惊喜，多过直接给予在眼前。

可能时间，
有时会让人糊涂。
但还是期待，
那个短暂交会的时候。

人生不长不短，
往前走一步，
我们就又少了一次拥抱的机会。
世界很美，
你也是。

2016.04.24

来登登看，potato chip（薯片崖）很有名的，
从“Mt Woodson Trail”（伍德森山小径），
爬到顶端的薯片岩（potato chip rock），
其实是圣迭戈以东

伍德森山顶上的一块岩石。
一开始沿Lake Poway（波威湖）走，
从简单到难完成，体现在这趟行程中。

这是一段非常不容易的爬山路径，
中途看到很多人折返，
但越这样就越想走到底，
看看到底能有多累（强迫症）。

晚餐推荐：Phil's BBQ（菲尔烧烤）

## 2016.04.25

运动和工作以外的我，
其实想要的很简单。
所以，我让自己做了最想要的决定。

LIFE TIP（生活提示）：DO YOU.（自己决定）

## 2016.04.26

今天开车到Las Vegas（拉斯维加斯）。

有些人会在你生命中的各种时期出现，
但你从未注意到；
也有些人会在你的旅途中突然出现，
你却惊慌失措并因此错过。

所有事情都是一个试验，
当你没通过、没准备好接招，
关卡就会不停出现，
不停地考验你的智慧和能力，
直到你能放下。

能大气地拥抱舍得，
能勇敢地面对失去，
每当我想认输放弃时，
我都会这样想。

2016.04.27

锡安国家公园（Zion National Park）

红、黄、褐色的纳瓦荷砂岩，

经过大自然多年的琢磨与雕塑，

呈现出多彩的岩壁，

险峻巨大的峡谷中，

有着溪流与翠绿稀疏的林木。（遇上好天气真幸运）

来这边主要就是Hiking（远足），

官网上的hiking trail（远足路线）实在太多了，
当不知道要走哪条时，
就直接走最有名的Angel's Landing（天使降临）。
（所需时间：4小时；难度：高）

## 蹄铁湾（Horseshoe Bend）

属于Glen Canyon（格伦峡谷）的一部分，
是一个不收费的景点，
远处看，大地只有几道小裂缝，
当你站到悬崖边上，
蹄铁湾的全貌才会呈现在你眼前。
（亲临此处真的会被大自然的鬼斧神工吓到）

## 2016.04.28

### 羚羊峡谷（Antelope Canyon）

砂岩经年累月受到暴雨和季风的侵蚀，形成狭窄的通道，
美的地方在于洪水冲刷出的细纹与光影的变化，
走进羚羊峡谷就像进入外星世界，
感觉身处异次元空间，
陶醉在岩石光影的奇幻中。

附言：进入羚羊峡谷需要事先预约，整点为一批次。

## 2016.04.29

### 大峡谷国家公园（Grand Canyon National Park）

由于时间关系，我只停留两个点：
Yaki Point（亚齐观景点）和Desert View Watchtower（沙漠景观瞭望塔），
在这些景观面前觉得自己好渺小，
没什么比原始景观更让人震撼。

## 救赎山（Salvation Mountain）

这几天最期待的景点。

这个超大型装置艺术，是一位80多岁

几乎全盲的艺术家Leonard Knight（伦纳德·奈特）

用干泥砖、干草和枯树打造出来的。

这是一座属于神的乐园，

在一片荒芜的沙漠中，

突然出现一座色彩缤纷的小山丘，

上面写满赞扬老天爷的字句。

我们在这里停留了一阵子，

因为信仰和工作结识我的好姐妹并开始这趟公路旅行，

一切尽在不言中。

我们每天一起分享所有事情，

不管接下来的路会怎么走，

我一定会坚守我的岗位并依循指引，

充满信心地向前！

## 2016.04.30

这次出国旅行有很多体悟和感触，

我想把每个值得纪念的时刻全都搜集起来，

把握当下不顾一切地往前冲，

把握健健康康的时候，踏在每寸土地上，

把握还有热情追求梦想的时候。

每天真的都不容易，

所以更要好好珍惜。

## 2016.05.01

今天去书店翻到的一句话：

Life is crazy. We chase what we can't have,

and run away from what we desire the most…

（生活有时候很疯狂，

我们追逐那些无法拥有的，

逃离那些我们最需要的……）

嗯……人生啊……

附言：Happy Birthday to my dear Rima Z!

（祝Rima Z生日快乐！）

## 2016.05.02

### 拉古纳海滩（Laguna Beach）

旅途中总会发生许多突发情况，
让人瞬间涌出各种感受和想法，
解决一个又一个难题，
就觉得自己又更具男子汉气概、更强大了。
（已经慢慢可以释放各种情绪和压力了）

自助旅行的第41天，
身心俱疲，
但还是享受每分每秒的惊喜时刻。

过程中充满太多疯狂和精彩的片段，
想好好收藏起来。
顺带说一下，公路旅行实在太有趣，
之后再慢慢跟大家分享。

对，
今天的我，状态很不好，

对着窗外天空祈祷了一阵子。

Have you ever just cried because you are YOU?
（你曾经为自己成不了别人而哭泣吗？）

嗯，我有过，
就是现在。

2016.05.03

约塞米蒂国家公园（Yosemite National Park）

我觉得这里就是仙境，
一路上的风景和天气变化很奇妙，
接近山顶时，
冰雪尚未融化，
顶端还能看到积雪，
下山时却又出大太阳，
看到鹿在树林里奔跑。

最喜欢的一站是Glacier Point（冰川景点），
是约塞米蒂最壮观的景点之一。

2016.05.04

继续开车前往San Francisco（旧金山），

开到市区时已经是晚上8点了，

还好有朋友收留我们。

先去睡了，

晚安。

2016.05.05

在旧金山的第一站，是去“Google”（谷歌公司）参观，

这里集结了全世界的人才，

不同国家的工作者在园区里穿梭，

有种迷你世界的即视感，

喜欢骑他们的单车在里面乱逛，

园区真的太大了。

附言：

公司里面的餐厅好丰富，

想得到的食物应有尽有，

难怪朋友在里面工作得很开心（笑）。

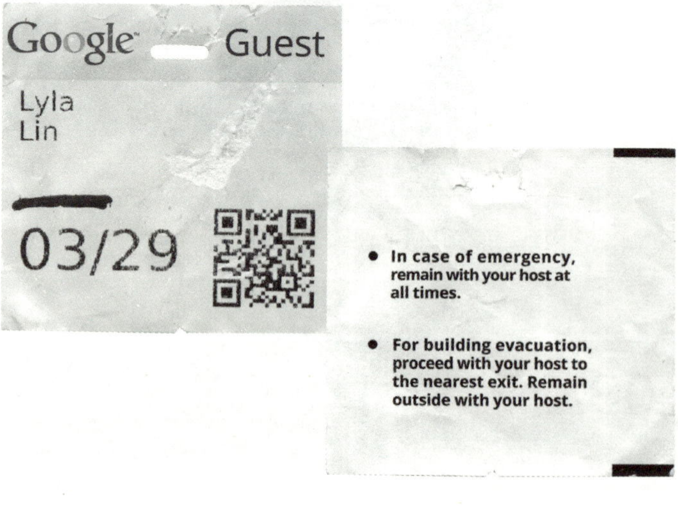

2016.05.06

旧金山金门大桥（Golden Gate Bridge）

风好大！

趁着冷死之前拍几张美美的观光客照片！

回到“*Going the Distance*”（《远距离爱情》）里的场景，

我造访的景点多半来自爱情片，

习惯就好！（微笑）

傍晚推荐餐厅：Coqueta（科奎塔）

## 2016.05.07

Be bold. Be brave. Be courageous.

（大胆起来，勇敢起来，无畏起来）

Joshua（约书亚） 1∶9（勇敢之心：一分靠他助，九分靠自助）

把更多勇敢留给不够果断的时候。

我们被各种爱环绕，

也沉溺在被爱的环境中，

但永远都不要忘记保护心里那一片纯真自然的绿地。

喝一杯，地点：Novela（诺韦拉）

## 2016.05.08

要这样自助旅行两个月不是很容易，

需要认真工作、存钱，需要很强壮的身体，

需要巨大的勇气，需要拿得起放得下，

需要一个爱自己的信仰，需要很及时的小幸运，
需要不顾一切的想法，
需要天时、地利、人和，
需要有各地也爱旅行的朋友，
需要有隔天起床看到自己满脸痘痘的强壮心脏，
需要有理智的头脑加上有时不理智的选择，
需要在公路旅行之中疯狂开车的稳定技术，
需要面对可能会被自己的突发奇想打败的时候，
需要有吃不饱、睡不好或情绪不好的心理准备，
也需要有肯定自己、保护自己和放松自己的精神。

一路上发生了很多大大小小、奇奇怪怪的事，
不经一事不长一智，实在太符合这趟旅行的精神，
对我来说，

这趟预计60天的旅程（尚未完成），不仅滋养了我的心灵，
也让我看到了世界的精彩和美好。
很开心在25岁的时候，
可以用双脚、双眼去体会这个星球的一部分，
每天不管是晴是雨，
所有感受都比平常还要敏锐，
这也表示平常的自己没有好好放下心里的压力，
没有好好对待和喜欢最原本的自己——
那个奔放和无限自由的自己。

目前还在探索冒险中，
希望接下来有更多故事能和大家分享，
在这趟自助旅行过程中，有非常多朋友写信给我，
希望知道我们的路线、行程规划和旅行准备事宜，
（但说真的，有时随意的行程也超好玩）
只能告诉大家，我真的超随性！
（除了有时旅行恐慌症会发作外，其他都很好）
Morning & Goodnight！（早安+晚安）

## 2016.05.09

感谢我的粉丝Catherine（凯瑟琳），

由于她诚心邀请，

我参观了世界排名前三的工作地：Airbnb（爱彼迎），

这也是我在旧金山的第五站。

每间办公室和会议室还有休息室都是不同风格，

在里面上班绝对可以发挥各种创意和想象，

仿佛游走在环游世界的小房间和装置艺术里。

之前看网络文章讨论Airbnb 的环境，

就觉得怎么可能有这种办公室，

结果今天来一探究竟，

天啊！

真的跟网络影片一模一样，

太幸福了吧！

（养狗的人可以带“毛小孩”来上班，

走廊上竟然提供水和狗粮！）

餐厅的部分也很国际化，

听说会因应各种节日或特定活动变换菜色和菜单，

也会定时请各国名厨来帮员工做菜，

光是啤酒区就有十种以上的选择吧！

（员工可以好好吃饭，应该就会好好上班吧，哈哈！）

能在这里工作，真的是蛮值得炫耀的事。

（喂！）

2016.05.10

Pace Art + technology（步伐艺术+技术）

Teamlab Living Digital Space and Future Parks（蒂姆联铂数字生活空间与未来公园）

成立15年的日本teamLab团队，
集结艺术家、工程师、计算机动画师、数学家、
建筑师与网页设计师，
大玩跨领域创意，
通过多种呈现方式突破传统艺术的框架。

我喜欢*Flowers and People*（《花和人》）
（不为所控却能共生——哪怕度日如年），
整个展间被绽放的花朵围绕，
脚步会不自觉慢下来，
还有最后看到的经典作品 *Crystal Universe*（《水晶宇宙》），
数万颗发光二极管随着4D（四维）视觉技术舞动，
仿佛走进宇宙入口，
掉进绚丽的银河之中，
让人舍不得离开。

今日的收获就是：
艺术，不再只是用眼睛观看，
而是用自己的创作加入其中，
成为互动艺术的一部分。

2016.05.11

昨天偶然在电视上看了一部电影，

*Hector and the Search for Happiness*,

中文片名是《寻找快乐的十五种方法》（又译作《寻找幸福的赫克托》）。

其中有一句话特别有感触：

“Avoiding unhappiness is not the road to happiness.”
（避免不快乐，不能到达快乐。）

的确，

我们都有快乐的义务。

附言：今天我又再次回到了纽约！

喝一杯，地点：Apotheke（阿泼斯科）

2016.05.12

Brooklyn Bride Park（布鲁克林大桥公园）

East River State Park（东河州立公园）

2016.05.13

Williamsburg NYC（纽约威廉斯堡）

Franklin D.Roosevelt Four Freedoms Park（富兰克林·D.罗斯福四大自由公园）

2016.05.14

谢谢我的身体，

支持我踏上冒险之旅。

出外旅行最怕的就是生病或意外，

规划一趟旅程时，

最重要的是拥有健康的身体，

其余就是靠运气、体力和脑力了。

2016.05.15

Williamsburg Bridge（威廉斯堡大桥）

Long Island City（长岛市）

## 2016.05.16

Soho Downtown Manhattan（曼哈顿苏豪中心）

上了一堂 SLT（SoulCycle，灵魂循环，一家高级健身机构）开的课（在维密模特儿训练的教室），

天啊！

真的是运动者的天堂。

傍晚来杯白酒和生蚝。

地点：Maison Premiere（梅森普莱米尔）

## 2016.05.17

咖啡厅：Toby's Estate Brooklyn（布鲁克林托比庄园）

下午茶：Two Hands（双掌）

越南菜：Bunker Vietnamese（越南碉堡）

## 2016.05.18

Bushwick Brooklyn（布鲁克林布什威克）涂鸦街区

Brooklyn heights Boardwalk（布鲁克林高地木板道）黄昏散步

宇宙万物都互相联结着，
能相遇就是一种缘分，
太——神——奇——了！

## 2016.05.19

Pratt Institute（普瑞特艺术学院）

跳出框框，才知道自己的潜力所在和不足的地方，
每个人都需要勇敢向前，
并且彻底地好好检视自己，
是你一个人走在这条未知的路上，
谁又能说你不可以？

2016.05.20

Yoga to the People（瑜伽带给人们，纽约的一个地方）

The High Line, Chelsea, NYC（纽约切尔西高线公园）

2016.05.21

How much of human life is lost in waiting?

（有多少人的生命在等待中逝去？）

这句话是昨天和朋友们在公寓里讨论的，

很有趣也很残酷，

除了睡觉，

人生有一半的时间都是在等待。

所以，我不想等了。

## 2016.05.22

Brooklyn Museum（布鲁克林博物馆）

其实我不知道自己是否准备好回台湾，
两个月的自助及公路旅行，
很多人以为我搬来美国了，
很多人觉得我疯了。
边学、边看、边体验，
确实让我获得许多金钱无法衡量的体验。
途中难免有低落、无助的时候，
也有让我难忘、热血沸腾的时候，
回想起来这里之前，
为自己存了一笔能在国外勉强温饱的钱，
真的执行起来就觉得不够用，
凭的就是一股冲动。

一个心里想了很久的念头，
没来试试，怎么知道自己不可以？
就这样向公司请了两个月的假，
拖着两箱装着慌张与期待的行李，
莫名其妙地出发了。

今天是第62天，

尚未完成真正想做的（35%），

但我更喜欢自己一点，

也更坚定勇敢做自己的决心。

（我其实是很黑暗的，必须逼迫自己正面，正面，再正面）

一路上的祈祷，上天都听到了，

除了感谢还夹杂了好多感动。

Thank You Jesus.（感谢上天）

2016.05.23

Freemans（弗里曼斯）

2016.05.24

Union Square Park（联合广场公园）

极喜欢的抹茶，地点：Harney & Sons SoHo（苏豪哈尼父子店）

THIS IS YOUR RECEIPT AND IS NOT A TICKET FOR TRAVEL

Long Island Rail Road

Station # 9012 PennStation

| Sold Tickets | Amount |
| --- | --- |
| R/T Peak/Off Peak | $37.50 |
| R/T Peak/Off Peak | $37.50 |
| Total Amount | $75.00 |
| Payment: Credit | $75.00 |

Long Island Rail Road...
going your way

| | |
| --- | --- |
| TSM ID # | 1292 |
| Transaction # | 867818 |
| Card # | ############2473 |
| Date / Time | 05/25/16 11:14 |

2016.05.25

早午餐：Mud Coffee（泥咖啡）

喝一杯，地点：Sake Bar Decibel（德士贝尔清酒酒吧）

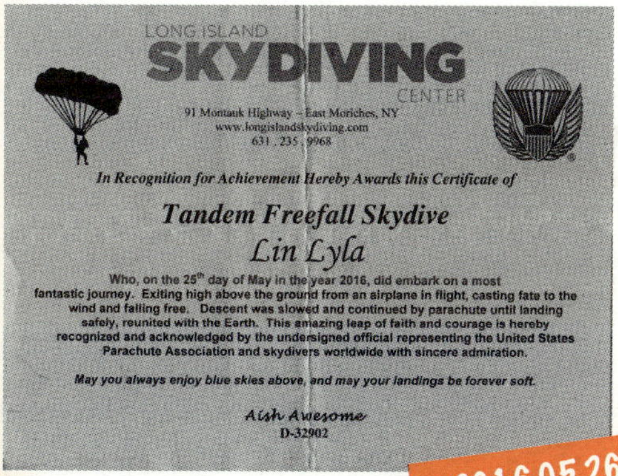

LONG ISLAND SKYDIVING CENTER

91 Montauk Highway – East Moriches, NY
www.longislandskydiving.com
631.235.9968

*In Recognition for Achievement Hereby Awards this Certificate of*

***Tandem Freefall Skydive***

*Lin Lyla*

Who, on the 25th day of May in the year 2016, did embark on a most fantastic journey. Exiting high above the ground from an airplane in flight, casting fate to the wind and falling free. Descent was slowed and continued by parachute until landing safely, reunited with the Earth. This amazing leap of faith and courage is hereby recognized and acknowledged by the undersigned official representing the United States Parachute Association and skydivers worldwide with sincere admiration.

*May you always enjoy blue skies above, and may your landings be forever soft.*

*Aish Awesome*
D-32902

2016.05.26

Long island Skydiving Center（长岛跳伞中心）

初次跳伞就献给纽约了。

2016.05.27

China Town（唐人街）

2016.05.28

厉害的比萨：Artichoke Basille's Pizza-
East Village, NYC（纽约东村巴西尔洋蓟比萨）

2016.05.30

Life is too short to wake up in the morning with regrets.（生命太短，不能将遗憾留到第二天清晨醒来时。）

想念每个时刻。

这些笔记和手机里的备忘录让我足足整理了一个礼拜，
总觉得时间过得好快，一眨眼已经一年了。

这些回忆绝对都是永存心中的美好故事。

用生命陪伴彼此，是上天给我们的最美礼物。

勇敢、坚强地告诉每个人：

“爱不在于朝夕相伴，应在于风雨同舟。”

现在，

把最好的，

给愿意一起冒险的你！

第 3 节

# 极限体能：斯巴达勇士赛

You never know how strong you are

until being strong is the only choice of you.

（在强大成为自己的唯一选择前，你从来不会知道，自己有多强大。）

我先来说明一下这个“硬汉级赛事”！

2017年5月20日上午，高雄市于旗津海滩举办了一场“Spartan Race”（斯巴达勇士赛）。该比赛创立灵感来自“美国海豹突击队”斯巴达式的魔鬼训练，赛事中许多障碍项目是由美国军方参与设计，完全比照军事训练等级，在全球体育界具有极高知名度。所有障碍物皆从国外引进，赛道规模亦按照国际规范设置，原汁原味落地高雄旗津。参赛人数超过4800人，参赛者兴致高昂，不怕吃苦，不怕全身都是泥巴，只为挑战自己的极限。

这次比赛获得高雄市政府大力支持，市政府首次开放“贝壳博物馆”旁的海韵露营区，让观众可近距离观看斯巴达赛事，可称得上是“摇滚，摇滚，再摇滚”区，机会相当难得。

START
SPARTAN
SPARTAN
CHAMPIONSHIP SERIES
SPARTAN

围观的群众表示，斯巴达勇士赛让人热血沸腾，就算没报名参加也没关系，近距离观看也很刺激。赛事举办地的旗津场域山势起伏，还有沙滩，这些天然的障碍与人工障碍增加了比赛的难度。

斯巴达勇士赛获得全球运动界的肯定，并且已获投票通过，成为奥运会比赛项目之一。这充分表明其拥有高度的专业性。此举不但成为体育赛事的重要里程碑，而且参赛者将首度以“外卡身份”成为奥运竞赛的选手。（以上依据官方报道）

这场国际级的赛事根本就是“自虐型”比赛，也可说是“战士型”的比赛。之所以会跟这场赛事牵上线，真的是因为一个超级巧合的时刻。

2016年，我无意间在Instagram（照片墙软件）上浏览到斯巴达勇士赛的官方网站，点阅了无数视频，它们实在太吸引人了！爬绳、钻铁网、跳火坑，我体内的冒险血液瞬间沸腾！当晚睡觉前浏览手机，又在脸书网站上看到比赛将正式在台湾地区开办，第二天我马上传信息给经纪人，自告奋勇地说要参加这个比赛，跟经纪人敲定时间。（哈哈哈，整个人很积极！）没想到剧情突然神逆转，经纪人回复我：“妹妹，你知道你有可能成为斯巴达赛事的台湾活动大使吗？”天啊！真的假的，别闹了！才想说要去报名，结果“耶稣”让我直冲到赛事现场耶！我超级兴奋又非常紧张，好纠结的情绪啊！一心希望能顺利完成比赛。毕竟这是一场只有耳闻没有亲眼见过的比赛，实在太让我热血沸腾了。

后续的筹备，包括杂志推广拍摄、加强重点训练课程、让人想求饶叫妈妈的肌肉耐力操练，真的把我的承受力逼到极限

了！当时距离比赛还有两个多月，除了接受一连串训练、饮食控制、调整身体之外，还要兼顾其他原本排定的工作（包括创作本书），每天行程都被塞得满满的。这大概是我当时训练最密集的时期了。肌肉变壮是一定的。那阵子出席活动，真的很怕不小心挥手打到旁边的明星。他们应该会马上被送医院吧，哈哈哈！准备这么多，接下来就是等待赛事到来的那天了。

“原来这就是吃土的感觉。”这是我比完赛的最大感想。

早上10点出发，11点40分左右完成赛事，总共花费1小时40分钟，完成6公里20个军事等级的障碍关卡。我对完成12公里的勇士们表达最高敬意，我这个新兵能完成6公里 就非常开心了！

让我印象最深刻的关卡是下泥水潜过高墙底下的坑道，爬上岸全身上下都是泥水和沙子的那关。之前我就看过这个关卡，有很多女生会犹豫很久，到底要不要憋气下去？我觉得，犹豫越久就越不敢往前，跟跳伞一样，绝对不要让自己有机会多想一秒钟。这个过泥水的关卡是20关里的第5关，让参赛者在一开始就接受前所未有的震撼教训，也激发了我继续挑战后面关卡的好奇心。

完赛后，我反而觉得过挖坑泥巴水道最轻松。因为天气热，泡在水里很舒服，其他关卡，包括匍匐前进过铁丝网、各种让人看傻眼但场面壮观的关卡，如单杠、攀岩、扛石头桶、扛沙袋、射靶、爬高墙、爬绳索，还有搬铁球的关卡。说到搬铁球这关，我的体会是，人生最崩溃的时候也不过如此！

到这一关时，看到很多人呆站在铁球旁不知如何是好，我

就觉得不妙：铁球八成重到惊人！轮到我的时候，就在我蹲下去把球搬起来的那一刻，我彻底失控了。那颗红色铁球应该有两个人的体重那样重，真的不夸张。我当时要骂了出来，好想宣布放弃啊！脏话冲出口后，我死命地把球抱到大腿上方，用下腿的力量辅助，以蹲走的方式龟速前进并折返。一开始听到旁边的人说要记得折返时，我差点失手把他灭了！可想而知，男生拿的黑色铁球比女生的重那么多，应该更想直接去角落“剥皮跳”（即波比跳，闯关失败者都必须在旁边的惩罚区跳30个才能进入下一关）。

“麻绳拉沙袋至顶端”一关也很特别，这是要用对“方法”才能比别人轻松、快速地将40公斤沙袋拉到最顶端的项目。诀窍在于运用自己的体重，往后躺，单脚踩住前方的铁栏杆维持平衡，才能快速又不费力地完成关卡（我的邮箱里有赛事视频），后来关主还来我的影片下方留言，说我真的太有男子汉气概了。唉！没办法，担任赛事活动大使，怎么可以丢脸，哈哈哈！

参赛者就这样一路踩着“噗叽噗叽”的泡水鞋翻山越岭，跑过山丘、树林和海岸，队伍之间都会不断地以喊话提振精神。我身边的猛男们（健体男模特，真的是倍受女性同胞爱戴）不断鼓励我：“一定可以做得到的，men！men！”我发现团体赛除了互相帮助渡过难关，更是一种给人安全感的存在，碰上再崎岖的路形和障碍物，都会因为彼此的陪伴而产生强大的勇气。我想，所谓的“勇者无惧”，应该也能解读成各路勇者共“享”疼痛而无所畏惧吧？

比赛过程中不乏受伤、抽筋的参赛选手。这次我很幸运，只

FINISH

有手指破皮、手臂和双脚瘀青，加上轻微晒伤（笑），真的觉得斯巴达障碍赛比一般马拉松还要好玩许多。因为关卡都是第一次看到，赛前无法先行体验关卡，所以会考验参赛者的智力与体力。也许很多人通过我的社交平台看到了当天的赛事侧拍，我无法逐一说明每个关卡的难易度，因为每个人的体能极限都不一样。但从整体上来说，斯巴达勇士赛就是一个测试自己体能极限的检测型赛事，尤其是间歇性运动这类大量消耗体力、肌肉耐力的训练绝对不能少，真的是让人又爱又恨的极限运动。

2017年5月20日，很多人在路上、网络上展示恩爱的时候，我选择认真扮演一日“斯巴达勇士”。很荣幸能代言这个国际赛事，不管是规格或关卡设置，都看得出主办单位的细心规划与用心搭建。我想，当天的参赛者都有被榨干的感觉，回家后我有深刻体会——要承受花3小时洗澡、洗衣服的痛苦！

我喜欢尝试“其他人没做过，也没想做的事”。这是我到处冒险的动力，在这段说长不长、说短不短的人生里，自由探索世界的每个角落，窥知大自然的奥秘，还有上帝给我们的难题和美丽的果实，用健康的身体和心态去完成生命中的未知关卡。如果没有参加这次比赛，我可能不会发现自己在体能上还有许多需要加强的地方，同时又发现了自己具有解决眼前艰难任务的能力。

没有参与，你怎么知道自己的体能极限在哪？旁边的人说不可能，就真的不可能吗？没有跌倒过、伤痕累累过，怎么能体会痊愈后的感觉？

每个人都会有负面能量爆棚的时候，我也有负面能量啊！小时候当练习生时，觉得自己什么都不会，没有自信；青少年时期组建的女子团体被迫解散；第一次演戏被吓坏，怀疑自己得了轻微抑郁症；还有第一次被媒体当作焦点、箭靶。我也曾怪罪这个世界不公平，但是运动总会把我拉回来。面对生活中太多不可控制的因素，我只能好好要求自己，努力创造许多无法被取代和复制的时刻。人生这条路就算真的遇到卡关了，只要勇于尝试，都会是最美好的一次疯狂自助旅行。

# 第4章

# 吃出好心情

养成『吃对食物』的习惯，从此就不用战战兢兢地怕吃东西会增肥了；搭配融入生活的运动习惯，想大吃大喝就大吃大喝，最美线条和好口福是可以兼得的！

第　1　节

# 减肥菜谱

## 摄取充足的水分

说真的，运动不难，“吃”才是最难的。花时间准备健康食物当真的会要人命！像我这种不会煮饭的人其实有个好处，就是我们会认命地吃“食物本身”，反正也不太会拿捏调味料，淋上柴鱼酱油或撒个黑胡椒感觉就完成一道菜了，哈哈哈！水煮食物和调味包对“手残”的我来说真的是一大福音；然后多喝水才不会水肿（不能少也不能多），好好吃饭、好好运动，身体运作顺畅了，其他机能就会跟进。

我找营养师讨论过，后来对“怎么吃”产生了新的想法：最好每餐都兼顾到青菜、肉与淀粉；餐与餐之间，饿的时候，切记不要补充含糖量太高的水果或无糖酸奶。教练常说的“晚餐要戒淀粉”，其实不是叫你完全不吃，而是要做到三餐适量摄取。女生如果长期不吃淀粉，除了脸会蜡黄，经期也会变得不规律，毕竟碳水化合物是人体动力的重要来源。所以，老师建议三餐一定要吃一碗正常碗大小的糙米饭（比较好）或乌龙面（白面），或从马铃薯、地瓜、南瓜和莲藕四样中择一，少量食用。

每个人的基础代谢水平都不同，想“增肌减脂”的朋友最忌讳吃得太少。忌讳吃得太少的意思不是叫你大吃特吃，想吃什么就吃什么，而是以不挨饿、吃得干净、营养为主。

少油、少盐、少油炸食物、少甜食、少喝饮料、少碰酒精，摄取足够的水分增加代谢，多运动增加肌肉量、燃烧卡路里，多睡点觉不熬夜，身体循环好就不容易水肿。

以上几点说起来简单，做起来却很难！不过没有试一次、没有好好研究一番，是绝不可能有什么超级身材的。“规律作息”对我来说是最困难的环节，但习惯之后，整个人的气色、精神、肤质和思绪都会level up（升级）！这些好处应该多少都能成为懒人们的微小动力吧！

Heineken
SHOW
NEW YOR

第　2　节

# 运动前和运动后要吃什么?

说到运动前后该怎么吃，小女子我也是汇集了一些教练和健身达人的建议和实际体验后，才觉得吃东西真的是一件非常重要和有诀窍的事。

运动、健身前30分钟至1小时（视个人消化程度而定），应摄取适量碳水化合物；选择香蕉不会错，谷物面包、御饭团或麦片配牛奶都可以，适度补充热量可以防止抽筋，绝对不要饿肚子去运动，否则伤身又伤神。

运动后30分钟应补充蛋白质食物帮助修补肌肉组织，如鸡胸肉、鱼肉、牛肉、茶叶蛋或水煮蛋（两枚）、无糖豆浆（一罐），运动后少了这个步骤，就算每天运动也是练不出强壮肌肉的。另外，运动前后一定要补充水分，如果运动强度较高，大量排汗，则应适量补充电解质饮料。

维生素C和维生素E也是很好的小帮手。除维生素C高的食物外，如奇异果、番石榴、苹果和柑橘类水果，也要多摄取；同样，除维生素E高的食物外，像坚果类，摄取手掌大小的量对身体也会很有帮助。

“吃”这门学问，真的是说比做容易，要持之以恒才能看到

成效，坚持住才能换来好线条。运动人的共同话题绝对是怎么“增肌减脂”。我看过一篇文章，它指出：“人类身体里有超过600块肌肉，占全身重量的30%～50%，每天对肌肉的使用方式决定肌肉量的多寡。”比如，搬运工的肌肉量就明显多于在室内办公的人。

以前教练跟我提过，肌肉承受适当的阻力与拉伸力量，肌肉纤维就会产生细微的损伤，借由损伤和修复的循环才能真正增加肌肉。由于多数人的日常活动强度不足，因此无法刺激新的肌肉生长，所以进行适当强度的肌肉力与肌肉耐力训练，像游泳、健走、爬山、骑单车等，不仅能保持我们的肌肉健康，还有助于增进体能与维持理想体重。

第　　3　　节

# 周期性放纵

长期进行体能训练，如果没有适当的营养和休息，身体将无法修复受损的肌肉，所以偶尔的小放纵有助于身心修复。要摄取充足的热量必须兼顾碳水化合物、蛋白质与脂肪，其实每一餐还是可以吃得很饱。我懂得吃不饱时人的感觉很差！其中又以蛋白质最为重要，它能加速修复受损伤的肌肉，整个修复过程必须在休息的状态才能充分发挥，特别是睡眠时段，这个看似稀松平常的习惯，对运动的人来说格外重要。

“有规律的放纵让健美这条路更长”，维持好心情的方法有很多种，享用美食、小酌一番、旅行、在家休闲一整天、逛街购物，等等。不管你用的是哪一种方式，在一个礼拜内可以给自己一天饮食放纵日（我个人是一个月三个饮食放纵日），然后给自己一天时间随心所欲，想干嘛就干嘛，其余五天都坚持健康的作息和饮食。我的瘦身原则很人性化，除非遇上工作或非瘦不可的时候才会拼命减肥。不过，如果平常能维持好体态和气色，遇到重要时刻就不至于要采取激烈的减肥手段啰！

Life is 10% what happens to us and 90% how we react to it.（生活是由10%发生在我们身上的事和90%我们对这些事的

反应构成的。）

生活中的难题虽然不免让我迷惘，但换个想法和心情，失去或放不下最后都归于同路。属于自己的跑不掉，不该拥有的就让时间带走吧！先帮我带走脂肪，谢谢！顾好体态这么难，谁还有时间在意那些讨人厌的小事啊，对吧？

第 4 节

# 最佳比例的迷思

既然无法控制先天基因，就自己打造最佳比例。

女孩多少都会向往给“维多利亚的秘密”品牌做宣传的超级模特的身材，但是先天条件和成长背景不同，那些模特天生就有大长腿，我们要怎么跟人家比？每个人喜欢的样子都不一样，我们可以好好认识自己，靠着后天努力朝梦想的外貌前进。

最近看了一篇文章，我很喜欢它的标题：“那个‘别人’是谁？”每个人的周遭都会有个“别人”存在。他会经常影响你、攻击你、数落你、侮蔑你。这些“别人”都不是你，你不应该为此影响自己的生活和心情，不需要通过“别人”来为自己设立各种目标。

其实，追根究底都是因为我们容易“不满足”，觉得自己腿太肥、肚子太凸、手臂太粗。怎样才能满足呢？实在没有统一的解答，只能期许自己用不贪求、不后悔的方式去衡量。谁不希望隔天起床就有一双笔直的美腿和结实的腹肌？但现实生活中可能只有百分之一的人享有这种优越的权利。先天体脂较低所以线条明显，这很正常，不然为什么教练都强调要增肌减脂？可能他人只要做100下仰卧起坐就有腹肌了，而旁边满头大汗的我，可能要持续半年每天都做，才能达到跟他人一样的效果。

正常人都会去比较：为什么她一星期运动一次，常常大吃大喝，还能保持好身材？其实，看起来瘦不是真的瘦，这是很多老师告诉我的。每个人追求的体态不一样，我们只是接受大众期待的“美的样子”，而不是“我实际能达到的样子”。这也是我不停思考的一道难题。我的工作不允许自己变胖，所以我必须兼顾健康但吃得比别人少，还要配合有规律的运动。吃得少不代表节食，吃得好也不是一定要吃大鱼大肉。在维持体态的过程中，吃对食物非常重要！我能体会没有“欢乐送”或珍珠奶茶的日子是多么无趣和乏味，但对它们，只能偶尔睁一只眼闭一只眼吃一下就行啦！

胖女孩和男孩都是有机会变成瘦身材的！

养成“后天好习惯”，运动后不忘伸展，多花两倍时间去把肌肉拉长（因为肌肉是可以塑形的）；做有氧运动时一定要维持40分钟以上，彻底燃烧脂肪，不要偷懒。只有扎扎实实地努力，才能拥有自己梦想中的好身材！

没有人可以真的赢过时间，所以我们才会这么努力地生活着。